# 伝統のイタリア語発音
―オペラ・歌曲を歌うために―

# Recitar Cantando
― Dizione della Poesia Italiana ―

ルイージ・チェラントラ
Luigi Cerantola

小瀬村幸子
Kosemura Sachiko

# 目　次

- この小冊子を使われる方へ……………………………………… 1
- 歌唱のためのイタリア語の発音とは…………………………… 3
- イタリア語と日本語の母音……………………………………… 7
  - 母音字 A ……………………………………………………… 9
  - 母音字 E ……………………………………………………… 11
  - 母音字 I ……………………………………………………… 16
  - 母音字 U ……………………………………………………… 17
  - 母音字 O ……………………………………………………… 19
- 日本語と異なるイタリア語の子音……………………………… 25
  - 子音 B ………………………………………………………… 25
  - 子音 F ………………………………………………………… 27
  - 子音 L ………………………………………………………… 28
  - 子音 P ………………………………………………………… 29
  - 子音 R ………………………………………………………… 30
  - 子音 S ………………………………………………………… 31
  - 子音 V ………………………………………………………… 33
  - 子音 Z ………………………………………………………… 34
  - TI と TU ……………………………………………………… 36
  - DI と DU ……………………………………………………… 37
  - 長子音 GL …………………………………………………… 38
  - 長子音 GN …………………………………………………… 39
  - 長子音 SC …………………………………………………… 40
- 口慣らしのために………………………………………………… 43
- イタリア語の詩句の朗誦　Recitare il verso italiano ……… 49
- 5音節詩行　QUINARIO ………………………………………… 57
- 6音節詩行　SENARIO ………………………………………… 61
- 7音節詩行　SETTENARIO……………………………………… 65
- 8音節詩行　OTTONARIO……………………………………… 69
- 9音節詩行　NOVENARIO……………………………………… 73
- 10音節詩行　DECASILLABO…………………………………… 77
- 11音節詩行　ENDECASILLABO……………………………… 81
- 歌手のリスト……………………………………………………… 83

# この小冊子を使われる方へ

　この小冊子は、イタリア語でオペラや歌曲を歌う方へ歌唱にふさわしいイタリア語の発音を身につけていただくために手引きをと願い、作成したものです。

　声楽を学ぶというのは、その名称が示すように、音楽を勉強し、声の鍛練を積み、声による音楽実現にいそしむことでしょう。声による音楽を実現するのには、このように音楽と声、それとともにもう１つ、重要なものがあります。言葉です。思えばオペラが始まったその時から、言葉と音楽をどう融合させるかが模索されました。そして Recitar cantando という、歌うことと言葉を表現することがともにかなう歌唱が求められました。とすれば、言葉を大切に表現しなければなりません。そのためには言葉の発音が正しく美しく、そして意味が聞き取れるようでなければならないでしょう。

　そんなイタリア語の発音を、イタリア語のオペラや歌曲を歌おうとするなら、修得することが必須です。そこで私たちはそのためのテキストを用意したいと考えました。

　この小冊子には、イタリア語のオペラ・歌曲の歌唱のためにはイタリア語の詩、つまり韻文の発音が基本という観点から、CD2 枚に手本となる発音を収録しました。CD に従うことによりイタリア語の母音、子音のそれぞれの音、単語、詩句、さらに既存のオペラ・歌曲の歌詞の発音練習ができるようになっています。音による練習がその目指すところですので、テキストの説明部分はできるだけ短くしました。使われる方々のイタリア語に関する知識や勉強度はさまざまと思われますが、声楽を学ぶには何らかのかたちでイタリア語経験をしておられると考え、語学的な記述はまったくしていません。知識があっても、あるいはそれほどなくとも、それなりに読んでいっていただければと考えています。

　歌唱における言葉とその発音の重要性については、多くの先人たちが意見を述べています。その中でとくに意義深く思われるのをふたつ、記しておきましょう。作曲家の G. ヴェルディとオペラの名指揮者 T. セラフィン

の言葉です。

　ヴェルディは1847年、バリトンのF.ヴァレージに宛てた手紙で「私には君が作曲家より詩人に仕えてくれるほうが喜ばしい」と、セラフィンは1947年、イタリアデビューをしたM.カラスについてあらゆる可能性をそなえた稀有の声と絶賛したあと、「ただ1つ欠けるところがある、それは母音の何かがイタリア語の音になっていないこと」と指摘し、「これが完全にイタリア式になれば大歌手になる」と、カラスを発音矯正の教師に託そうとしたためた紹介状に書いています。

　この小冊子の作成者として、私たちは、イタリア語の歌唱をされる方々が備え付けのCDによる発音練習をしてくださることを心から望みます。

　この小冊子の企画は、必ずしも、出版を目指したものではありませんでした。声楽を学ぶ学生の方々と接するうちに発音が大きな問題であると気づいた私たちは、L.チェラントラが詩人でもあるところから、発音練習のための詩句を創り、その録音テープとともに身近な学生や先生方にためしていただいていました。その後、東京藝術大学出版会によって1冊の本にしていただけることになりました。こうして公のかたちにしてくださった大学出版会に心より感謝の意を表したいと思います。ありがとうございました。東京大学の学生の稲田啓さんには、冊子作成の間に読者の立場で目を通していただき、録音についても実践練習の労をおかけしました。ご協力、ありがとうございました。

2010年1月<br>著者

#  歌唱のためのイタリア語の発音とは

　イタリア語は近年、英・仏・獨にずいぶん遅れながらも、大いに関心がもたれているようです。考えてみればヨーロッパ文化の源流に直接つながる言葉がひろく知られるのは意義あることでしょう。書店の語学書の棚には数多くの、さまざまな工夫がなされ、イラスト入り、色刷り、そして内容豊かなイタリア語を学ぶための書籍が並んでいます。半日ほどもかけて1冊1冊ページをめくってみました。
　気づいたのは、イタリア語発音の実践練習に力を入れたテキストがほとんどないことです。イタリア語の音韻組織がわりあい単純であり、さらにまた日本人にとっては馴染みやすくて発音しやすいように感じられ、そのため発音練習にそれほど精力をそそぐ必要なしと思われるからでしょうか。
　確かに旅行でイタリアへ行ったとき、あるいはイタリア人と会話をかわしたとき、発音にあまり気をつかわないでいても通じてしまうようです。イタリア語を発すると、イタリア人はイタリア語を話そうとする外国人に寛大で、喋っただけで礼賛に値するとばかり、動詞の活用が怪しくとも、外国語訛りや癖のある発音であろうと、通じてしまいます。通じるということであればそれで充分でしょう。
　しかしオペラや歌曲の歌唱となると、事情は一変します。歌唱の言葉はパンを買ったり、レストランでパスタを注文したり、店で靴を見せてもらったりする言葉ではないのです。モンテヴェルディやモーツァルトやロッシーニやヴェルディなどの崇高な音楽を支えるブゼネッロやメタスタージオやダ・ポンテやピアーヴェやボーイトなどの優れて巧妙な詩句、詩に求められる韻律の規則にもとづいた韻文です。これは通じればすむイタリア語で発音すればすむ、というわけにいきません。イタリア語の詩の伝統に則った音で単語[＝la parola]を、さらに単語が音の響き(韻)とアクセントの位置によってできるリズム(律)を組み合わせる詩の規則(韻律法)にそってならんだ詩行[＝il verso]を発音することになるのです。イタリア語

の歌唱の伝統は、Recitar Cantando という言葉で表現されます。この言葉をご存知の方も多いかと思いますが、歌うことによって［cantando］言葉を語る［recitar］、メロディーをつけながら［cantando］朗誦する［recitar］、というほどの意味でしょうか。詩の伝統に従う母音と子音の音によって詩の規則である韻律法にそいながらオペラの台本や歌曲の歌詞を発音し、さらにその歌詞が付されている音楽に、つまり音符に、どちらが主でも従でもなく、絶妙に添わせて融合する、結果、Recitar Cantando が実現する、それが歌唱のイタリア語の発音かと考えます。

## ❧ 歌唱のための発音の実践練習について

　イタリア語のオペラや歌曲を歌うためには、上述のような発音を修得する必要があるでしょう。なにしろ、音楽のほうは、イタリア人の誰もが歌手がどこかの音符を１つまちがうのに気づくほど譜面に通じているわけではありませんが、発音が歌唱にふさわしいものかどうかはすぐに分かります。歌手は音楽の演奏に優れることは当然ですが、イタリア語のオペラを歌って世界へ出て行こうとするには、イタリア語の詩の伝統にもとづいた歌唱の発音を修得するための練習と訓練をすることも必要でしょう。それにはそのための導き手があったほうが良いでしょう。

　そこで訓練の導き手として、実際の音を聴きながら練習のできる CD とテキストを用意することを考えました。イタリア語の歌唱のための発音練習と訓練、もちろん歌唱だけでなくイタリア語を話すための訓練にもなりますが、それを目的としたものです。音声学や詩学を知り、考察することではありません。そこで発音の方法を細かに分類したり、発音器官の図によって発音の仕組みや器官の位置関係を説明したりすることはせず、ひたすら実践練習をしていただく方法をとりました。手本である音を聴き、それと同じになるようにそれぞれの方に努めていただく。同じ音を発するためには当然、発音器官の使い方が同じでなくては実現しないわけですから、手本と同じ発音の仕方になる。そうした方法です。理論や言葉や図による説明は抜きにして、ひたすらご自身の耳を信じ、耳で聞いたとおりに音を発する練習をしていただくことを提案したいのです。これによって耳がイ

タリア語の音に慣れ、聞き取りが上達し、発音を繰り返し試みるうちに発音器官はイタリア語に適応するようになり、発せられる音は自然とイタリア語になっていく。それを楽しみに繰り返し練習、そして訓練をお願いしたいと考えます。

　CDの録音は、イタリア語も音の構成要素は母音と子音ですので、イタリア語の母音と子音の各音について先ず"単語の練習"が入っています。一つ一つの単語のあとにポーズがありますので、そこでご自分の発音を試みてください。単語はあくまでそこで修得したい音の発音練習のために選んでありますので、日常会話などではあまり耳にしないもの、あるいは微妙な意味合いのものなどがありますが、意味は考えずに発音だけに集中してくださることを望みます。

　次は単語が連続する"センテンスの練習"です。やはりポーズのあいだにご自分の発音を試みてください。練習のセンテンスは、上述のように歌唱の言葉は詩の形、つまり韻文ですので、すべて詩句で用意しました。この冊子のテキストとして創られた詩です。詩句は、発音練習のために音から構成されており、それなりに意味を理解できなくもないものの、筋の通った、何かまとまった内容を伝えることを目的としてはいません。むしろそのほうが意味にこだわらず発音に集中できるでしょう。漢字という表意文字を母語とする日本人は、文字を見ると意味を求めたくなるのですが、アルファベットは表音文字、文字は音を示すと考えることにして一つ一つの音の練習をなさるよう努めてください。ということで詩句の日本語訳は、訳を試みたものの、ここにはつけませんでした。一種のナンセンス詩、あるいは早口言葉として発音を楽しむくらいのつもりになっていただければと思います。詩句の練習も、各詩行、そして詩節のあとにポーズがあります。そこでご自身の発音を試みてください。

　録音された単語と詩句の速度は、かなり速いと思われるはずです。初めはポーズのあいだに発音しきれないくらいに速いかもしれません。ただし、一つ一つの音自体は速く発音されているわけではありません。はっきりと

正確に、連続して発音した音がつながって滑って甘くなることがないように心掛けています。スピードをつけたのは何度でも練習を繰り返していただくことを願うからで、テンポがのろいと、度重なる練習のうちにわずらわしくなる、そして時間もかかると考えるためです。それだけ繰り返し練習していただきたい、繰り返し練習、正しい発音ができるようになったと思われても繰り返し練習、そうしていただきたいと望んでいます。

　イタリア語の母音と子音の音の全容が、日本語のものとの比較もふくめて分かり、それぞれの音の発音練習が進んだところで、CDには先に述べた韻文の韻律に則った詩句の朗誦、Recitarに馴染むための練習が用意してあります。テキストとして、存在する膨大なオペラ台本からランダムに採りあげるのではなく、台本作家がいかに韻律に精通し、縦横に韻律法に則った詩行を駆使して作曲家に台本を提供していたかを知っていただく意味もあって、一人の台本作家を選ぶことにしました。ダ・ポンテ（L. Da Ponte 1749-1838）です。ダ・ポンテがモーツァルトに台本を提供した三部作《フィガロの結婚》、《ドン・ジョヴァンニ》、《コジ・ファン・トゥッテ》を題材としました。この三部作のなかでほとんどすべての詩行が用いられていることから、台本作家という存在がそなえている詩作のプロフェッショナルとしての力量を垣間見ていただくことができるかと考えます。何篇かダ・ポンテ以外の台本や歌曲も入れていますが、これはその詩行による曲のうち特に有名であったり、時代的にその詩行がダ・ポンテのころには普及していなかったという理由からで、ロッシーニ、ヴェルディ、ボーイト、トスティ、ヅァンドナーイの曲です。

　母音と子音の単語と詩句によるセンテンスの発音練習、詩行によるオペラ台本・歌曲の発音練習のそれぞれのテキストには、CDの音の位置を示す番号を記しています。CDのほうには何のシグナルもアナウンスも入れていません。テキストの番号を操作していただくと、すぐ練習音が出ます。これも練習を重ねる場合、ないほうがテンポが良いと考えたためです。
　それでは練習を始めていただきましょう。

# イタリア語と日本語の母音

　イタリア語では母音を記す母音字は、ご存知のように、"a""e""i""o""u"の5つです。が、音としては、日本語の"あ""い""う""え""お"が1文字1音という仕組みと異なり、1文字が1音だけを表すのではないため、文字数より多い音があります。日本での文法書など、イタリア語の母音は7つ、つまり"a""i""u"の3つ、そして"e"と"o"にはそれぞれ開口音と閉口音があって"e"2つ、"o"2つで7つと説明されているようで、そしてまた辞書も"e""o"に開口と閉口を区別し、多くの場合、開口に"è""ò"、閉口に"é""ó"と記号を付して示しています。しかし実際のイタリア語では、"e"と"o"の音の範囲は広く、地域によりさまざまに発音されてきた長い歴史があり、4種も5種も、あるいはもっと多くの音が存在します。それを開口、閉口の2つに仕分けしたのが辞書で、文法書もそれに則っています。

　では、歌唱のイタリア語ではどのように発音するべきか。歌唱のイタリア語は、オペラであれ、歌曲であれ、歌われるイタリア語はほとんど韻文、詩の形をとっています。ということは、イタリア語の詩の伝統に則った発音をしなければなりません。

　イタリア語の詩の世界では、これはダンテに始まるといってよいでしょうが、ダンテが「俗語論 De Vulgari Eloquentia」で述べているように、全イタリア人が共通に使いうる、そして文学作品を創るための言葉、とりわけ詩作にふさわしい言葉としてのイタリア語は、3つの条件―illustre（輝かしい＝明晰で卓越していて完成された）、cardinale（軸となる＝イタリアの多地域の言葉の基本で規範となる）、aulicum et curiale（宮廷的であり法廷的な＝全イタリアの宮廷や法廷に共通で公平な）であることをそなえていなければならないのです。イタリアの長靴のさまざまな地域で話されている言葉には、この3つの条件を満たし、他にくらべて優越性のあるものはないというのが諸方言を検討したダンテの結論です。文学

にふさわしい、詩にふさわしいイタリア語はどこかに自然に存在していたのでなく、ダンテをはじめ多くの詩人や文人が作品によって、いわば机上で創りあげたものでした。

　歌うためのイタリア語は、すでに記したようにそのほとんどが韻文であり、詩ですので、ダンテからの文学語、詩語としての伝統に従うことになります。そこでは母音の"e"と"o"に関して、イタリア語のもとであるラテン語から派生した、さらに稀ながらラテン語が影響を受けたギリシア語の名残のある音が、それぞれ３つずつあると考えられます。開口と閉口、そしてそのあいだに中間音です。"e"について開口、閉口、中間の３音、"o"に開口、閉口、中間の３音です。この３音がラテン語の何から生じたか、ギリシア語の何の影響を受けたかは、あとに続くそれぞれの音の練習ページで説明をすることにします。それまで"e"に３つ、"o"に３つ音があるとお思いください。

　というわけで、皆さんが歌われるイタリア語のオペラや歌曲では、母音は、歌詞が詩の形であることからその伝統により"a""i""u"で３つ、"e""o"が３つずつで、９つの音があります。

　詩の伝統では９つの母音といいながら、"e""o"に３つの音といいながら、実際の音が書物や詩集に聞けるわけではなく、ダンテの「神曲」やアリオストの「狂乱のオルランド」やメタスタージオの数々のオペラ台本が音として残ってはいません。実際の音として引き継がれ、存続してきたのは音楽の世界で、それもオペラです。劇場でオペラが演奏され、歌われる歌詞の発音が伝統として今につながってきたのです。

　現在、世界で活躍しているオペラ歌手たちは、この伝統を踏まえて、"e"と"o"に中間音の発音を入れて歌唱をしています。このごろ世の中は大変便利になり、インターネットのYou Tubeでレコードが発明された約100年前から現在までの名歌手の声の録音を聞くことができます。テキストの最後にYou Tubeで聴ける歌手の名前のリストを参考のために載せますので、歴史上の歌手から現在の歌手にいたるまで、どのような発音で歌っているかお聴きいただくのも大いに興味深いことでしょう。例えば、誰もが知るヴェルディの《リゴレット》の〈女心の歌〉やジョルダーノの

歌曲〈カーロ・ミオ・ベン〉などを聴いてみますと、辞書では"開口e"である音、vènto、sèmpre、accènto、bèn 等々が、カルーゾからフローレスにいたるまで、開口でなく中間音で歌われていることがお分かりになるはずです。

　イタリア語の9つの母音がどのような音か。9つのうち3つだけ、"i"と"中間音e"と"中間音o"が日本語の母音にほぼ対応するといえますが、これから9つの音を1つずつ聴いていただくことにしましょう。先にも述べましたが、このテキストでは発音に関する音声学的な説明や口中を図式化して発音器官の位置関係や調音の仕組みを示すことはしていません。それぞれの方が自身の耳を信じてひたすら手本となる音を聴き取り、それと同じ音を自身の発音器官で再現することをひたすら試みる、それを繰り返しているとそのうち耳がイタリア語を聞き分けることに慣れ、イタリア語の母音が自然に身につく、という練習方法を提案したいためです。

　それではイタリア語の母音の練習を始めましょう。

　先ず"a"からです。

## 母音字A

　日本語の"ア"は、イタリア語の"a"ほど口を大きく開かず、口中で舌も奥まで平らに下がりません。両者を比べると日本語は明らかに口中のスペースが狭いのです。ちょっとローマ字を読むつもりで"la mamma ama la patata"を発音してみてください。おそらくイタリア人はすぐに日本人の発音と気づくでしょう。正しく発音するためには、日本人はできるだけ口を開く必要があります。

### 単語の発音

a da fa la ma sa va afa ala ama ara ava acca alla bara cara casa fata nana rapa rara sana tana vana zana calla canna cassa mamma nanna panna zanna avrà papà alalà baccalà falpalà amaca avara parata patata tar**a**ta bar**a**cca camp**a**na cant**a**ta fanf**a**ra lav**a**nda zanz**a**ra aff**a**nna app**a**nna azz**a**nna abbass**a**ta abbast**a**nza accas**a**ta allamp**a**na ammal**a**ta ammazz**a**ta avvall**a**ta azzann**a**ta baratt**a**ta stramazz**a**ta accaparr**a**ta accatast**a**ta allampan**a**ta anagramm**a**ta assatan**a**ta

　各単語のアクセントのある箇所は太字で示しました。この太字の扱いは母音の単語の発音練習テキスト中も、あとの子音の単語の発音練習テキスト中も同じです。

## 母音Aの練習詩句

Amar**a**nta,
la rag**a**zza n**a**ta st**a**nca
c**a**nta b**a**lla d**a**nza
la pav**a**na,
dalla Sp**a**gna la pass**a**ta sarab**a**nda:
"La c**a**ra m**a**mma a c**a**sa
stav**a** l**à**, mal**a**ta:
lav**a**va la sc**a**rpa scarl**a**tta,
scalcagn**a**ta,
abbast**a**nza smag**a**ta".
C**a**nta all'**a**lba
la rag**a**zza Amar**a**nta:
l'**a**lta st**a**nza la amm**a**nta.

　すでに気づかれたかと思いますが、詩句でもアクセントのある箇所を太字にしています。が、単語の場合と異なり、詩句のそれぞれの行で意味上、あるいは韻律アクセントと呼ばれる詩における各詩行のアクセントの位置の規則から、必ずしも全ての単語にアクセントがあるとは限りません。上記の詩で、例えば la ragazza の la、dalla Spagna の dalla は詩行のなかではアクセントがありませんので、アクセントを示す太字にしていませ

ん。これは、あとに続く詩句の表記でも同様です。詩行の韻律としてアクセントのある箇所にアクセントの太字を印しています。

### 母音Aのための練習アリア

> Balla la Vanna,
> amara canta,
> la mamma santa
> calma starà.
>
> Danza la Sara,
> salta Samanta:
> ma l'alma affranta
> stanca sarà.

＊上記の詩はモーツァルト《ドン・ジョヴァンニ》第2幕6景"Vedrai, carino"の韻律と同じに創られた詩句ですので、この曲のメロディーで歌えます。発音の練習に目鼻がついたと感じられたら、この歌詞で、歌詞の内容は気にせず、内容表現のことは考えずに、"a"のために歌唱を試みていただくのも興味深いかと考えます。

## 母音字 E

日本語の"エ"は1つの音のみです。イタリア語の"e"では3つあると先に記しましたが、日本語の"エ"と比べてみると、èra や sècolo や èstro にあるような"開口 e"と strétto や spésso や déntro のような"閉口 e"は日本語に対応する音ではありません。もう1つの"e"、edera、veste、testa などにある開口と閉口のあいだの"中間 e"は日本語とほとんど同じ音です。

イタリア語の"e"の音に関して1つの興味深い例をご覧いただきましょう。詩人パスコリ（G. Pascoli 1855-1912）の"La mia sera"の第3節冒頭の1行で

È, quella infinita tempesta…ですが

ここには"e"の3つの音
　開口 e "È"（ラテン語の"est"につながるギリシア語の"ειστί"から）
　閉口 e "quélla"（ラテン語の"illa"から）
　中間 e "tempesta"（ラテン語の"tempesta"から）
がそろっています。
　また、オペラの歌詞ではモンテヴェルディの《オルフェーオ》の第2幕のフレーズ
　Le belle e fredde membra で
　開口 e "bèlle"（ラテン語の"bellae"から）
　閉口 e "frédde"（ラテン語の"frigidae"から）
　中間 e "membra"（ラテン語の"membra"から）
と、3つがあり、録音で聴くと、歌手たちはこの3つを仕分けて歌っています。

　"e"の3つの音の区別ですが、これは単語中のアクセントのある"e"に関してのことです。アクセントのない"e"では、すべて中間音に発音されます。

　皆さんはすでにご存知と思い、上記のように"e"に開口、閉口を示す記号を付してしまいましたが、このテキストでは開口の"e"には 開口の記号をつけて"È、è"、閉口には閉口の記号をつけて"É、é"と表すことにします。あとで見る"o"についても同様に開口を"Ò、ò"、閉口を"Ó、ó"とします。何も記号のない"e"、そして"o"は中間音です。

## 中間 E

この"e"はラテン語の"e"から母音交替なしにそのままイタリア語の"e"となったもので、開口と閉口の中間の、日本語の"エ"とほとんど同じ音です。

### 単語の発音

e per tre dee ebe eden ente bene mele sere tele vele vere mente sente credere estreme fremere leggere leggere presente sedere segrete serene tenere tenere terrene efemere belvedere effervescente perennemente

## 開口 E

イタリア語の開口"e (è)"はラテン語あるいはギリシア語の二重母音、主として ae からなる音に因っていて、"ètere"が"aether←αιθερ"、"sfèra"が"sphaera←σφαιρα"、"è"が前出のように"est←ειστι"、"sècolo"が"saeculum"、"mèsto"が"maestus"からといった具合です。

ラテン語の"e"からイタリア語になっても、"e"のあとに2つの子音が続き、その最初が"r"か"l"の場合は開口"e (è)"となります。"pèrso" "tèrra" "bèllo" "bèlva"のような例がこれに当たります。

同様にラテン語の"e"でイタリア語の開口"e (è)"となるのは、ラテン語の単語でうしろから3番目のアクセントのある"e"であったのがイタリア語でうしろから2番目のアクセントのある"e"になったものです。"speculum"が"spècchio"になるような場合です。

日本語の"ア"はイタリア語の"a"よりも口の開きが狭いので、日本人にとって"è"の音を発音するのはかなり難しいはずです。そこで練習の初歩段階では、たとえば"èra"であれば、"ae"→"aè"→"aèra"→"èra"のように発音をしてみることを勧めます。日本人もこの方法によれ

ばイタリア語の"è"に、初めは難しいとしても、目に見えて近づくことができるはずです。

### 単語の発音

è belle belve certe ere mere meste perse scene sfere terre terse caffè ahimè emerse eresse essere etere etere eterne eteree chimere deserte megere perfette

## 閉口 E

口の開きの狭い閉口 "e (é)" はラテン語の "i" から移行した音で、たとえば "séno" は "sinus"、"stélo" は "stilum"、"pésce" は "piscis"、"féde" は "fides"、"néve" は "nivis" を語源としています。

### 単語の発音

é che se né elle esse bere fede messe nelle nere neve pepe pere pesce peste selve sete verde vette fresche spesse stele stelle stesse streghe strette perché cenere ebbrezze freschezze benedette leggerezze

### 母音字Eの3つの音の練習詩句

Effervescente
èssere nelle frésche sere serene,
veder le etèrne stélle*
sfere pèrse per le segrete
leggerézze dell'ètere;

\*この閉口 e については 75〜76 ページの\*\*を参照してください。

perennemente
sente la mente emèrgere
l'ente presente
nelle tèrse freschézze,
nelle ebbrézze:
etère, perle nére,
èrbe e vele dell'eden.

Credere, fremere
per le etèree neree,
per le terrene dee
nelle tenere sere.

## ∞ 母音字Eの3つの音のための練習アリア

Se greve ne è l'èssere,
se etèrne le stélle,
prendete le bèlle
serene perché

vedere per l'ètere
le sfère segrete
permétte le mete
dell'ente che c'è.

＊上記の詩はモーツァルト《コジ・ファン・トゥッテ》第1幕12景 "Un'aura amorosa" の韻律と同じに創られた詩句です。このアリアのメロディーで "e" の3つの母音を意識しながら歌唱練習をすることができます。

　　母音字 "E" の3つの音を聴き、発音を試みていただきましたが、開口 "e" はかなりはっきりとした、安定した音として身につけることができ

ると思われます。中間音の"e"は、中間という性格から、実際には"e"の前後の音のつながりによって開口に近くなったり、閉口に近くなったり揺れがあり、特に閉口との区別が難しい場合が生じるかも知れません。日本人は日本語の"エ"と考えて発音して間違いはないでしょう。

## 母音字 I

日本語の"イ"とイタリア語の"i"にはほとんど違いがありません。

### 単語の発音

i idi ifi imi issi ivi pii zii fili giri dissi fissi grilli pini tini vini zitti iddii bifidi birilli finiti girini mistici principi virili sibili zibibbi finitimi indirizzi birichini mirifici sibillini dirigibili illividiti invivibili indivisibilissimi

### 母音 I の練習詩句

Vinti i triplici minimi sibili
di invisibili missili,
vidi gli indistinti intimi brividi
d'infiniti silfi risibilissimi,
figli intristiti di iddii.
Mi dissi "Ti fissi in simili istinti!
Insisti! Finisci gli invii,
scrivi gli inni, gli idillî!".
Smisi lì.
Finiti gli strilli, i lividi gridi di grilli,
i tintinnii.

詩句中の"idilli"に付されたシルコンフレックス符号［= accento circonflesso］は、本来"idillii"となる綴りの"i"が1つ省略されていることを示します。他の箇所でもこの記号は同じ意味で使われます。

## 母音Iのための練習アリア

Zitti i trilli sottilissimi
d'irti grilli: inni d'iddii
scrissi in sibili di zii;
indirizzi finti, sì.

Sibillini in dì tristissimi
vidi i lividi birilli
invivibili di Filli:
in rigiri indi finì.

＊上記の詩はモーツァルト《コジ・ファン・トゥッテ》第1幕1景"È la fede delle femmine"の韻律と同じに創られた詩句です。

## 母音字 U

日本語の"ウ"は、軟口蓋閉口母音であるイタリア語の"u"のように口唇を丸めて前へ出すことをしないで、また口先で発音されます。それでいて喉にかかる音のように聞こえます。そこで正しく"u"の音を出すには、慣れないうちは先ず"o"を発音し、そのあと喉音にならないように気をつけながら口唇をすぼめていくというのが良い方法でしょう。

## 単語の発音

u fu giù su tu due bue sue tue bui cui fui lui sui sul buffo cupo duro fuso gufo Lulù luna lupo muro puro rubo succo tubo brutto puzzo

scuro tutto zuppo buzzurro cuccuma cuculo futuro lugubre murmure
suburra sussurro tumulto ululo upupa Gurdulù zuzzurullo

### ③ 母音Uの練習詩句

L'upupa cupa
sussurra a un lupo
sugli abituri:
"Tu urli ed ululi
tra i bruschi oscuri,
la luna ai tumuli
umidi abiuri".

E un lupo a un'upupa:
"Tu turpe chiurli
coi buî singulti,
ausculti e burli,
insulti i gufi
muti ai tumulti".
"Buzzurro!"
"Trucida!"
"Figuro lurido!"
"Irsuta putrida!".
Fu tutto inutile:
sul lusco e il brusco
un urto un ruzzolo
un frullo, un fru fru,
un nulla più.

## 🎵 母音Uのための練習アリア

Il fumo che cupo s'aggruma
sull'uscio del turpe abituro,
tumultua buzzurro sul muro
se un ultimo murmure giù,

due gufi più truci singultano
d'un crudo sussurro, un futuro
trituro sul lugubre scuro,
sul duro figuro che fu.

＊上記の詩はボーイト（A. Boito 1842-1918）の《メフィストーフェレ》第3幕 "Lontano lontano lontano" の韻律と同じに創られた詩句です。

# 母音字 O

　日本語の"オ"は、"エ"と同様、1つの音のみです。イタリア語の"o"は先に記したように、"e"と同じく3つあり、それは òro や ristòro や pòco にあるような"開口 o"、órso や tórre や stólto のような"閉口 o"、cono、comico、logico、colono、omologo などにある"中間 o"ですが、これも"e"と同じに開口と閉口は日本語に対応する音ではありません。"中間 o"はほとんど日本語と同じ音です。

　先の母音"E"でパスコリの詩"La mia sera"のなかで3つの"e"の音のある1詩行を紹介しましたが、この3行あとに次のような2行があります。

　　… cirri di porpora e d'oro.
　　O stanco dolore, riposa!
ここには3つの"o"の音
　　"開口 o" "òro" と "ripòsa"（ラテン語の "aurum" と "ripausa" から）

"閉口o" "pórpora"（ラテン語の "purpur" から）
"中間o" "dolore"（ラテン語の "dolor" から）
がそろっています。

また、先のモンテヴェルディのオペラ《オルフェーオ》でも、たとえば
　　Unico del mio cor dolce conforto.
という1行には3つの "o" があり
"開口o" "confòrto"（ラテン語の "confortum" から）
"閉口o" "dólce"（ラテン語の "dulce" から）
"中間o" "cor"（ラテン語の "cor" から）
という具合です。これも録音で聴くと、歌手たちは3つを仕分けて歌っています。

"o" の3つの音の区別ですが、これも "e" の場合と同様に、単語中のアクセントのある "o" に関してのことです。アクセントのない "o" では、すべて中間音に発音されます。

## 中間 O

この "o" はラテン語の "o" から母音交替なしにそのままイタリア語の "o" となったもので、開口と閉口の中間の、日本語の "オ" とほとんど同じ音です。

 単語の発音

o cono copro dolo foro molo nono noto pomo tono zoo conto fosso nonno sonno polpo pronto colono condono ozono corono popolo sbottono convolvolo omologo oroscopo ostrogoto

# 開口 O

イタリア語の開口 "o (ò)" は日本語の "オ" よりかなり開口の音で、ラテン語の二重母音 au からなる音に因り、"òro" が "aurum"、"ristòro" が "restauro"、"pòco" が "paucum" からといった具合です。

ラテン語の "o" からイタリア語になっても、"o" のあとに 2 つの子音が続き、その最初が "r" か "l" の場合は開口 "o" となります。"mòrto" "dòrmo" "còlgo" "còllo" のような例です。

同様にラテン語で "o" であってイタリア語で開口 "o" となるのは、ラテン語でうしろから 3 番目のアクセントのある "o" であったのがイタリア語でうしろから 2 番目のアクセントのある "o" になった場合で、"domina" が "dònna" になるのはその例です。

開口 "E" 同様、日本語の "ア" がイタリア語の "a" ほど口の開きが大きくないため、日本人にとって正しく "ò" を発音するのは容易くないでしょう。そこで練習の初歩段階で有効と思われるのは、たとえば "òro" であれば、"ao" → "aò" → "aòro" → "òro" のように発音をしてみることを勧めます。この方法によれば "è" 同様、初めは難しいとしても、"ò" に良い成果を得ることができるでしょう。

## 単語の発音

ò fo ho po' so vo odo oro oso frodo godo lodo moro poco roco toro sporto storto dorò toccò stonò trovò voltò borbottò spopolò omologò pomodoro

# 閉口 O

口の開きのかなり狭い閉口 "o(ó)" はラテン語の "u" の音に因っており、"órso" が "ursus"、"vólto" が "vultus"、"spórco" が "spurcus"、"córto" が "curtus" からという具合です。

## 単語の発音

ó olmo orso sono corro forno giorno mondo pozzo rosso rotto sotto torno torvo tozzo tonno corso sozzo sporco stolto tonto volto trombo condotto contorno corrotto mormoro porporo prodotto profondo

## 母音字Oの3つの音の練習詩句

L'otto scórso lo stólto colono,
scòrto sótto l'ólmo ombróso
lo zoppo órso grosso,
sbottò borbottò sbrodolò:
"Pòrco! Mo' lo sbrocco,
lo sgómbro, lo trómbo!".
L'òrbo tónto colono.
Obtòrto còllo
hò soccórso l'órso zoppo,
non lo copro.
L'órso
pòco dopo zompò,
toccò il colono,
lo stroncò:
mòrto,
lo trovò polposo,

lo voltò,

lo spolpò,

lo sbocconò.

Tónto colono!

## 母音字Oの3つの音のための練習アリア

L'omologo convòlvolo
l'ólmo toccò corrótto,
col brontolo borbotto
"T'ho còlto: or or morrò".
Dopo pòco l'oroscopo,
scòrto l'opposto vólto,
lo sprofondò sconvòlto:
"Lo mórmoro, lo sò".

＊モーツァルト《フィガロの結婚》第4幕8景 "Aprite un po' quegli occhi" の韻律と同じに創られた詩句です。モーツァルトの旋律で "o" の3つの母音の歌唱を試みていただくと興味深いかと思われます。

## 母音の信号表

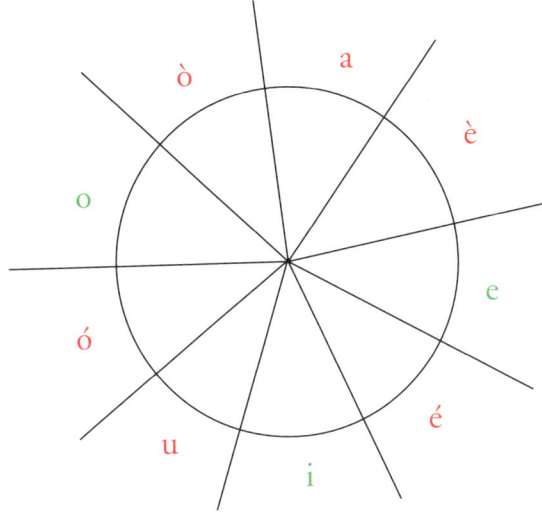

青信号の文字は日本語の母音とほとんど同じ音です。
日本語のまま通行可です。

赤信号の文字は日本語の母音と異なります。注意しましょう。

## 上記のイタリア語母音の輪 a から ó にいたるその実例

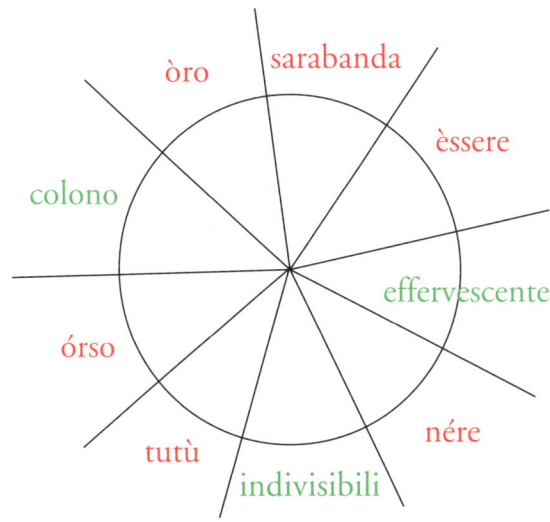

# 日本語と異なるイタリア語の子音

　母音の音を知ったあと、音を構成するもう1つの要素、子音を練習することにしましょう。

　子音もまた、日本語とイタリア語ではいくつか異なる音があり、イタリア語にあって日本語にないもの、そして当然その反対もあります。

　イタリア語では子音を表す文字は15、そのうち6つ、"c""d""g""m""n""t"は実際には日本語のものと同じと考えてよいでしょう。

　"h"はこの文字自体に音はなく、"c"と"g"にそのあと"i"と"e"が続くとき、軟口蓋閉鎖音を発音させる場合に使われます。つまり"c"と"g"は、すぐあと"i"あるいは"e"であると"ci"、"gi"で"ceci"や"gengiva"などのように硬口蓋破擦音になるので、"c+h+i"→"chi"、"c+h+e"→"che"、"g+h+i"→"ghi"、"g+h+e"→"ghe"として"chi"、"che"、"ghiro"、"ghetto"のような軟口蓋閉鎖音とするということです。"qu"は"cu"とまったく同じ音で、ただし常にうしろに"quadro""questo""qui""quota"などのように母音がつづきます。

　またイタリア語には子音字が2つ重なってできる長子音、"gn"、"gl(i)"、"sc(i)"、"sc(e)"といった音もあり、"gn"は日本語に近く、"gl(i)"は日本語になく、"sci"、"sce"は日本語の"シ"、"シェ"とかなり違う音です。

　日本語とイタリア語で同じ音の子音をあえて練習して時間を使うことをせず、異なるものを聴き、耳を慣らし、繰り返し練習していくことにします。アルファベット順に"B"から始めましょう。

## 子音B

　両唇閉鎖有声音と分類されるこの子音は日本語にもありますが、イタリア語のほうが日本語のものより強くはっきりしています。

## 単語の発音

blu bue babau babbeo babbo baco balbo bello benda bibbia bile bimba bocca bolle bomba alba debbo gabbia lobbia rabbia rubo sbobba babbuino babele bambola barbato bombola bubbolio bubbone rimbomba zibibbo

　上記の単語の中に"b"が2つ重なっている例が見られます。イタリア語の子音は、1つなら1度、2つなら2度と、文字の通りに発音されます。子音を2度発音すると結果的に詰まった音、つまり促音のようになります。"のように"というのは、日本語の促音が例えばTottori（鳥取）やsassoku（早速）やbukka（物価）がTo/ttori、sa/ssoku、bu/kkaのように重なる子音の前で音が途切れるのに対し、イタリア語ではtrattoがtrat/to、sassoがsas/so、BuddaがBud/daのように2つが前後の母音に付いて2度発音され、結果として促音のように聞こえることになりますが、音が詰まって途切れることはないのです。

　文字の通りに発音されるということでは、文法書に、ある種の単音節語の次に来る、あるいは語尾の母音にアクセントのある2音節以上の語の次に来る、あるいはまた、いくつかの特別の語の次に来る単語の語頭子音が強まり、綴りにない2重子音のようになると説明しているものがありますが、詩の場合はそうした現象は起きません。"a dio"が"a"につられて"a ddio"、"chi sa"が"chi"につられて"chi ssa"、"su via"が"su"につられて"su vvia"、"là su"が"là"につられて"la ssu"などに、"come voi"が"come"の影響で"come vvoi"のように発音されることはありません。"a dio"と"addio"、"chi sa"と"chissà"、"su via"と"suvvia"、"là su"と"lassù"は区別して発音されます。詩行に"a presto"とあれば"p"は1度、"appresto"とあれば"p"は2度、"fra tanto"とあれば"t"は1度、"frattanto"とあれば"t"は2度、"qua giù"とあれば"g"は1度、"quaggiù"とあれば"g"は2度等々という具合です。

## 子音Bの練習詩句

La bimba alla bambola
è balba ma balbetta
"Il babbo è un bèl babbeo,
un bue blu,
un barbato babau,
un babbuino".
Butta una bómba sul baobab:
rimbómba un bubbolio.
Che babele!

# 子音 F

唇歯摩擦無声音の子音"F"は、上歯が下唇の内側に触れるということで日本語のハ行とは異なります。

## 単語の発音

fa fo fu fallo fede fifa fine fuso fondo fingo fungo fuori fuso afa baffo
ceffo ifa muffa loffio offa raffa soffio staffa stufo tanfo uffa ufo zuffa
affare affatto affetto fanfano fanfara farfalla forfora fanfaluca fanfarone

## 子音Fの練習詩句

Frulla e farfuglia la frugola laggiù:
"Tu non far la farfalla in tutù!".
Muffe e funghi
fan fiorire in effetti

fra i fiumi i tifoni.
Una faraona fanfarona
fa la furba
fra la folla nella forra
ma l'acciuffa un furfante:
la frolla e ne fa,
vaffanculo!, uno stufato.

## 子音 L

歯茎側音のこの子音は日本語のラ行と異なり、日本語にありません。

### 単語の発音

la lì ala ballo bello bollo bullo calla colo dalla folla gallo gola lama leva lido lilla lode lolla lulla lupo molla molo nella pollo rullo sulla stella tallo tarlo urlo zolla alalà labello labiale leale letale liliale lolita ululo trallallà alleluia

### 子音Lの練習詩句

Balla la bèlla libellula blu
alla culla liliale
della Lilli e di Lulù;
vola labile e lieve
al labèllo giallo giallo della calla.
L'allòdola la lòda,
la illude la luna ai lillà,
lì e là.

Legarle le ali?
Non è legale e liberale,
non è leale.
Limatele o liberatele!
Limale, Lilli!
Liberale, Lulù!

## 子音 P

両唇閉鎖無声音と分類される子音"P"は日本語にもありますが、イタリア語のほうが日本語のものより強くはっきりしています。

### 単語の発音

per più poi pro palpa papa papà pappa pepe pioppo pipa pipì pompa
poppa proprio pupa appioppa impipo pampino panoplia papera
piropo popolo porpora preparo propoli proporre puerpera papavero
pimpinone

### 子音Pの練習詩句

Preparerò alla puerpera
una papera al pépe,
per il pupo la pappa e la póppa,
al papa un pò' di piropo,
papavero da pipa pel papà :
mi palperò poi l'epa
e appiopperò alla pupa
propoli d'api
a proprio pro.

# 子音 R

振動する流音のこの子音は日本語のラ行とは異なり、日本語の巻き舌に似た音といえるでしょう。そして2つ重なる重子音となることの特に多い音で、この場合はよく練習して慣れる必要があります。

## 単語の発音

ara era ira ora oro arra barra corro ferro mirra narro porro raro retro riso rostro rubro sera serro tiro urlo urrà zero zorro aratro correre orario orrido rimario ritiro rorido rurale rupestre arrotare irrorare ritornare rintronare

## 子音Rの練習詩句

Córre córre verde-azzurro il ramarro
nel botro borro burrone.
Mormorii borborigmi rumori:
un vèrro néro a sbarrargli la córsa
lo attèrra affèrra divora,
gli estrae le interiora.
Era raro il verde-azzurro ramarro!
Ora è mòrto. Ritornerà?
Chi vedrà vivrà.
Di Vérdi un'aria d'opera
lo deplorerà,
lo irrorerà di rime,
ve lo rinarrerà.

# 子音 S

舌先と下歯との摩擦音のこの子音は清音と濁音があります。日本語と大きく異なることはありませんが、日本語のほうが弱いといえます。これもやはり2つ重なる重子音になることの多い音で、その場合は必ず清音です。

## ∽ 清音Sの単語の発音

sa se si so su asso basso esso fesso issa lesso osso posso sasso scanso scarso scosso sesso sesto sistro sosto spasso stesso essersi ossesso sedersi spossarsi stressante sussurro ussaro assassino assistere sistemarsi spessissimo

## ∽ 清音Sの練習詩句

Sta solo in sosta
l'ussaro stésso
stressato se ossesso,
se spésso si spassa sul sistro
sensuale sótto il sole,
se si sistema l'osso
e sospira scarso e scosso.

## ∽ 濁音のS

発音の仕方は清音の"s"と同じで、有声音となります。

これまでに現れた単語中、詩句中の"s"について、"s"を目的とした練習ではなかったことから、"清音"と"濁音"の区別をする印をつけずに発音練習をしていただきました。この"s"の項で清音と濁音をとりあげますので、このあとは"s"が濁音である場合は"Š""š"と印すことにします。

イタリア語では単語の語頭の"s"は、次に"b""d""g""m""n""r""v"がある場合以外、"šbadato""šdutto""šgolo""šmilzo""šnodo""šrotolo""švelto"のような場合以外は、濁音となることはありません。また語中で"s"が母音に挟まれている場合、歌唱ではいつも濁音とします。ただし接頭語がついている語、例えば"risiedere""desueto""asessuato""bisillabo""trisulco"などのような語は、接頭語のあとが語頭とみなされますので上記の語頭の規則通りになります。またこの濁音の"s"は2つ重なる二重子音になることはありません。

## 濁音S（Š）の単語の発音

Ašia baše caša cašo chieša coša doše faše fušo Gesù lešo lišo meše muša mušo našo ošo pešo pošo rašo rešo rišo roša sušo tešo ušo vašo višo abušo ašilo ašino ešame ešilio ešošo illušo išola mišura ošmoši švišato dešiošo

## 濁音S（Š）の練習詩句

Rošeo rišo ha l'Ašia e l'išola
di Formoša è ašilo a frešie,
baše e ošmoši uše e vanešie
reše a chi ne abuša e pišola.

Ma la chieša còša ešamina?
Còša in caša fa la muša?
Dešioša fa le fuša
cóme pòša ed uša l'ešule?

## 🔊 子音Sの清音と濁音混合の練習詩句

Arsi fossi sassošissimi,
roši, estuoši.
Sóno assiši sui sassi
sei rissoši assassini
uši a spassi lussuoši,
ossessi al sesso,
ešoši.
Se passassi lo stésso?
Non òšo.
Sto stešo, pensošo, sospešo: è la staši.

# 子音V

唇歯摩擦有声音の子音"V"は、"F"と同じに、上歯が下唇の内側に触れるということで日本語にない音です。

## 🔊 単語の発音

va vi vo ava Eva ove uva bava beve bove cava cova diva dove fava neve rovo uova vado vedo vivo voto zuavo bevevi evviva lavavo vanvera vestiva vivaio vivevo avvitavamo avventavi covavano evadeva evitavo invadevano

## 🔊 子音Vの練習詩句

Viveva védovo in via Vivaldi vénti
ove aveva vendita viveri:

uova, vivande, vettovaglie.
Beveva vino, ovvio,
ma evitava vizî, novità, viavai,
e invitava rivali a provar pive,
vivido, volitivo.

## 子音 Z

歯茎破擦音の"Z"は、舌先が上の歯茎のうしろに触れてから破裂と摩擦が同時に起こる強い音で、日本語とは異なります。この子音には清音と濁音があります。そしてまた2つ重なる重子音になることの多い音です。

### 清音Zの単語の発音

anzi azza bazza bozzo buzzo dazio grazie lezio mozzo ozio pazzo pezzo pizzo pozzo puzzo razzia sazio screzio sfizio tizio tozzo vezzo vizio zanna zappa zuppa altezza azione dizione letizia lezione uffizio uzzolo zucchero

### 清音Zの練習詩句

La zuppa con lo zucchero
non puzza ma mi screzia:
se sazia, è anzi un'inezia
che šmorza il vizio e l'uzzolo.

### 濁音のZ

発音の仕方は清音の"z"と同じで、有声音となります。
これまでに現れた単語中、詩句中の"z"について、"z"を目的とした

練習ではなかったことから、"清音"と"濁音"の区別をする印をつけずにすでに発音練習をしていただきました。この"z"の項で清音と濁音をとりあげますので、このあとは"z"が濁音である場合は"Ž""ž"と印すことにします。

## 濁音Z（Ž）の単語の発音

žac bižža gažža mežžo réžžo ražžo rožžo žaino žana žara žebra žebù želo žero žolla žombi žona žonžo žoo ažžardo ažžimo bižžarro gažžarra žagaglia žagara žanžara žefiro ženžero ženžiglio žotico ažžerare žafferano

## 濁音Z（Ž）の練習詩句

Al réžžo dello žefiro
la žebra fa gažžarra:
ažžera già la žotica
la žagaglia bižžarra.

## 子音Zの清音と濁音混合の練習詩句

Tra le žagare a žig žag
fa le bižže alle ragazze lo zigano.
Nella guazza lo žigolo ingozza la gažža
che singhiózza che s'incazza
che aizza la lizza
che azzanna nello žaino
la žanžara.

## TI と TU

イタリア語の"t"は"ta""te""to"の場合は日本語と違いがありませんが、"ti"、"tu"となると日本語にない音です。

### 単語の発音

ti tifo timo tino tipo tiro tizzo diti finti liti miti riti siti botti cotti
dotti fatti getti putti rutti zitti* antico attimo etico etimo ottimo
settimo ultimo partiti sentiti zittiti*
tu tuba tufo tura turba tuta tutù tubero tumido stura attuati bruttura
cattura datura fattura lattuga statuti tatuati dentatura istituto
mattutino altitudine

*この単語は擬声語で、静かにという意味の"しっ"にあたり、清音の"z"が正当な音ですが、歌唱では語頭の清音"z"が発音しにくいために、ほとんどの場合、濁音の"z"で歌われます。それに合わせてここでは濁音で試みています。

### TIとTUのための練習詩句

To' un tizio turpe e tirchio,
un tipo antitetico che tituba tutto!
Ti titilli il tutù?
Io ti tiro:
tienti agli stipiti,
turati i timpani e ritirati tu.

## DI と DU

"ti"、"tu"同様、イタリア語の"d"は"da""de""do"の場合は日本語と違いがありませんが、"di"、"du"は日本語にない音です。

### 単語の発音

dì dico dito divo addio badia fidi gridi indi nodi sodi tardi vedi
candidi didità dividi editi indico lividi medico
due duce dunque dubbio duna duro indù caduto dedurre duodeno
modulo perduto seduce seduto tonduto

### DIとDUのための練習詩句

Di dì in dì
diede alla diva addio
un duo di dindi candidi;
indi i due individui
dediti a duttili dulcedini
duri le dissero :
"Tu dubiti, diffidi.
Ridi dei nidi e ti conduci a lidi
sordidi, perduti ed inveduti:
è il dodici di dicembre,
e dunque ucciditi".

# 長子音 GL

　長子音 "gl" のあとに "i" があって "gli" となると、"g"、"l" 本来の音で発音されることは少なく、ほとんどの場合、硬口蓋側音で、日本語にない音です。

## ∞ GLIの単語の発音

gli aglio biglia caglio chiglia ciglia faglia figlia loglio maglia meglio miglio mogli paglia piglio ruglio soglia spoglie striglia vaglia veglî voglio abbaglio bersaglio coniglî consiglia garbuglî giunchiglie origlio periglio ramaglie tovaglia

## ∞ GLIのための練習詩句

"Dagli agli aglî!"
raglia al figlio il coniglio
e gli sconsiglia gli abbaglî barbaglî
del luglio battagliante,
col più švеglio cipiglio: nel subbuglio
la quaglia tra il loglio si staglia,
vaglia lo šbaglio,
coglie l'imbroglio, il bersaglio,
e tra i cespuglî
dà piglio alle ali
e se la šbroglia.
La moglie si šveglia,
e piglia la triglia,
la taglia, la descaglia,
la sparpaglia sulla griglia,

alla meglio la sorveglia,
šbriglia tovaglia bavaglio bottiglia,
farfuglia "Piglia!" alla famiglia
e se la squaglia.

## 長子音 GN

硬口蓋鼻音のこの子音は、日本語の"にゃ行"に似ているものの微妙に異なります。

### 単語の発音

gnu gnaffe gnomo gnocco gnorri gnostico bagni degno giugno magno
pigna pegni pregno pugni šgrugni spegni švigni espugni ignito ignoto
ignaro ignudo ingegni indigni mignolo mignatta mugugni traligni
vitigni

### 長子音GNのための練習詩句

Che lagna lo gnomo,
che rógna che grugno!
Ignudo mugugna, digrigna,
col ghigno sogghigna!
Lo rampógno e me la švigno.
Tu, ragno grifagno,
dai prugni nel giugno t'ingegni:
guadagni una tigna
che non taccagna
a te conségna la cuticagna.

Alle calcagna
ognuno maligna
un ignobile gnaulio,
un gnam gnam di carogna.
Un'indégna vergogna!

## 長子音 SC

長子音 "sc" のあとに "e" または "i" があって、"sce"、"sci" となると "s" と "c" の単独の場合の音でなく、硬口蓋摩擦音です。日本語の "シェ"、"シ" はイタリア語より無声音に近く、より軽く、歯との摩擦がより強い音です。

### SCE と SCI の単語の発音

sci ascia biescio coscia esce floscio fruscio lascio liscio moscio pesce scemo sciapo sciarpa sciocco scippo sciupo sciuscià sfascio struscio uscio ascešo ascesso ascissa asciutto biascico pasciuto rovescio sciopero scivolo

### SCE と SCI のための練習詩句

Striscia liscia sull'ascissa la biscia
e vi lascia la scia:
si rovescia viscida,
scivola s'affloscia s'accascia.
Sull'uscio si struscia
-scialle sciarpa fusciacca-
l'oscena bagascia:

biascia e biascica "Che angóscia!
Che ambascia!".
Lo scroscio cresce, finisce.
Esce e šguiscia uno sciuscià.

## 子音の信号表

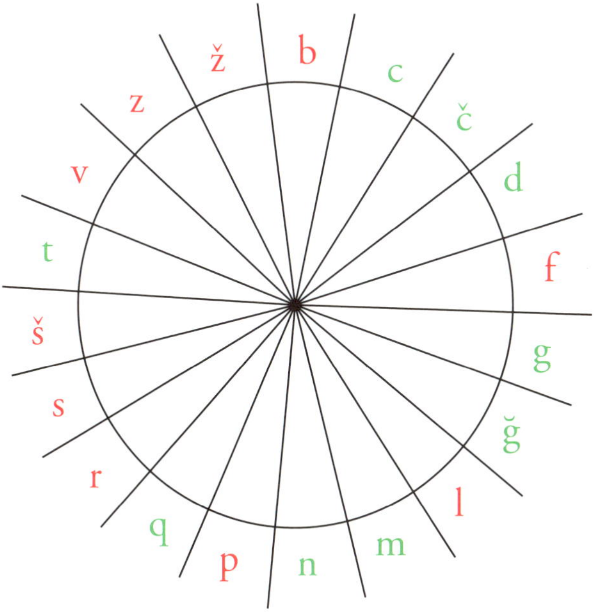


青信号の文字は日本語の子音とほとんど同じ音です。
日本語のまま通行可です。

赤信号の文字は日本語の母音と異なります。注意が必要です。

### イタリア語子音のそれぞれの音の実例

Babbo caččia dado fifa gorgheğğia lilla mamma nonno
poppa qua raro sasso ešošo tatto vivo zozzo žonžo

# 口慣らしのために

　ここまで歌うためのイタリア語の発音を身につけるということで、日本語と異なる音を中心にイタリア語の母音と子音の練習をしていただきました。耳も口や舌や喉などの発音器官もイタリア語に馴染んできたのを感じておいででしょうか。音を聴きながら、ひたすら、繰り返し、練習をしてくださることを望みます。

　一応、音をすべて知った、発音練習もしている。このあたりで少し気分を変えたい。そう思われる方々に、お楽しみというか、お遊びというか、ディヴェルティスマンをお贈りしましょう。これを必ずしもやらなければならないということではありませんので、面倒な方は抜かしてくださって結構です。後になって気分が向いたときに試みてくださっても結構です。日本人にとって発音しにくい音の入った、そのため日常的に使われることの少ない特殊な単語が多く並ぶ、呪文のような、言葉遊びのような、早口言葉のような、口慣らしのためのナンセンス詩です。

## SUI TUMULI　塚の上で

(II-1)

Se-un t**u**rpe-a**u**tunno-a G**u**bbio ti cond**u**ca*
s**u** r**u**pi-e t**u**fi-e-a c**u**pe-**u**p**u**pe-e g**u**fi,
**u**lula-al l**u**po l**u**gubre che st**u**fi
s**u**ssurrano-i tum**u**lti sulla b**u**ca.


Se-un t**u**rpe-a**u**tunno-a G**u**bbio ti cond**u**ca
s**u** t**u**fi-e r**u**pi-e-a c**u**pe-**u**p**u**pe-e g**u**fi,
**u**lula-al l**u**po s**u**ccube che st**u**fi

sui tumuli-i tumulti-urlano-in buca.

Se-un crudo-autunno-a Gubbio ti conduca
sui duri tufi-a cupe-upupe-e gufi,
sussurra-al lupo lugubre che stufi
tumultuano-i suoi tumuli-alla buca.

Se-un brutto-autunno-a Gubbio ti conduca
sui rudi tufi-e-a gufi-e-upupe cupe,
urla-al lugubre lupo "Tu le pupe
ululando le stupri sulla buca!?".

Se-un turpe-autunno-a Gubbio ti conduca
su tufi-a-impubi gufi-e-upupe cupe,
urla-al lupo bužžurro "Tu le pupe
stupra-ululando-e sulla buca bruca!"

Se-un truce-autunno-a Gubbio ti conduca
su buchi e tufi a gufi-e-upupe cupe,
ulula-oscuro-al lupo "Tu le drupe
murmurando le šlurpi sulla buca!?".

Se-un dubbio-autunno-a Gubbio ti conduca
su rupi-e tufi-e-a gufi-e-upupe cupe,
urla-al cuculo buffo "Tu-alle pupe
sussurra tue suburre sulla nuca!".

口慣らしのために

> Se-un buio-autunno-a Gubbio ti conduca
> su tufi-e rupi-a gufi-e-upupe cupe,
> urla žužžurullone "Tu-alle pupe
> rutti lurche suburre sulla nuca!".

＊ここに見られる"-"は詩の朗誦をする場合、単語の語末の母音が、次に母音で始まる単語がある場合、次の語頭の母音と1つに結ばれて発音されることを示しています。こうした規則の説明は52ページにありますが、それまでは、例えば行頭の Se un は間に"-"があるので、Seun と、2語を1語のように発音するとだけ考えて練習をしてください。

## FILASTROCCHE　まじない

(II-2)
Con che-equilibrio si libra-il colibrì
le-ali brevi vibrando
fra-i bruni viburni
né larve né vèrmi notturni tra fronde frugando
ma-afrori profóndi
profumi di fiori-ed effluvî
linfari.

Le-ali vibrando brevi fra-i viburni
il colibrì fruga-i fiori notturni.

(II-3)
Al buio dell'aia
"Guaî all'anguilla!" guaiolò-il maiale;
"Ma mai nella baia"
lui dall'aiola liquidò la quaglia.
Dal tiglio-a-una foglia di loglio
ché-agli-aglî dié piglio

del veglio la moglie.
Il mulo die'-un raglio: era luglio.

Piglia la quaglia-il veglio nella baia
e-a luglio raglia-al buio-il mulo-in aia.

(II-4)
Žanžare-a ražžo-ažžerano l'altézza,
zotico-a žonžo zitto zitto žumma
žužžurullo-allo žoo
žebre žebù bozzagri
žimbèlli žibellini,
abbozzano-allo zio
žažžere di žižžanie, žižžole žibibbi
bazzicano bažar in Žanžibar.

Lo zio zotico žumma zitto-al bar
le žanžare žižžanie-a Žanžibar.

(II-5)
Nel frigorifero
ringhia-il ghiro-al nenufaro
che-in brefotrofio
il frate trónfio
grufolando tra la frutta trifolò.

Il frate grufola nel frigorifero
e-il ghiro trónfio trifola-il nenufaro.

**(II-6)**
Il grillo grullo-ha la pellagra-e lagrima.
Ora-è magro-ed emigra:
lo rallegra-un onagro
un rigogolo-un grongo-una gru.

Il grillo-ha la pellagra,-è grullo-e magro:
un grongo lo rallegra,-un gru,-un onagro.

**(II-7)**
Un fuco-in fuga
naufragando
infangò-un gufo-a-un parafango.
Fu-una gaffe.
La colf li-infagottò:
fingono-infatti-e fiutano-un tifone
ed un tafano goffo.

Un goffo gufo-in fuga naufragando
infagottò la colf nel parafango.

**(II-8)**
Un mèrlo-un tarlo-un chiurlo
ciarlando col chirurgo
gli cinguettaron 'ciullo'
e 'fracido citrullo'.
Lui tracollò: un coleottero
con le calle-a tre corolle tricolori
tra le tèrme di Caracalla

caracoll**ò**.

A-un chi**u**rlo-un merlo-un t**a**rlo tricol**o**re
tracoll**a**ron le c**a**lle-a tre cor**o**lle.

**(II-9)**
Tra-il l**u**sco-e-il br**u**sco
lo scarab**è**o scorb**u**tico
sbuc**ò** dal b**o**sco
e scostum**a**to mastic**ò**-istam**i**nico.
Che st**ò**maco!
Poi m**è**sto mi mostr**ò**-il mistero-estremo.

Sbuc**ò** dal b**o**sco scostum**a**to-e br**u**sco
lo scarab**è**o scorb**u**tico tra-il l**u**sco.

**(II-10)**
Scricchiola-il ghiaccio-e sdrucciola lo scricciolo
che si ciancica-il c**ò**ccige.
Glielo cuce-il culice celibe
in cuc**i**na
e gli ciancia "C**é**rca-il cerchio!".
"C**è**rto c**è**rto! l'archicembalo!-il conc**è**rto!"
l'altro b**è**rcia.
E cicalano:
una ciarla-un chiacchiericcio-un chicchirich**ì**.

Ciancica-il ghiaccio-il c**ò**ccige-a chi cuce
e con lo scricciolo chiacchiera-il culice.

# 𝄞 イタリア語の詩句の朗誦　Recitare il verso italiano

　どうでしょうか、これまでの練習でイタリア語という言葉の音に耳が慣れ、文字を音として発音することを身につけていただけたでしょうか。母音と子音の各音、その連なりの単語、それらが連なる詩句を発音練習しながら、発音器官や口の周辺の筋肉がすこしずつ変化するのを感じておられるでしょうか。

　そうなれば立派なイタリア語で歌唱できるはずです。ですが最初にも述べたように、オペラや歌曲の歌詞はほとんどが韻文、韻律の規則に則った詩のかたちで成り立っています。1つずつの単語が完璧に発音できて、それを1つずつ連続発音していけば詩の朗誦になるかというと、すでにすこしだけ垣間見ておいでのように、単語としてはアクセントがあるのに詩行ではその単語がアクセントなしで発音されている場合などがありました。そうなるとアクセントがないことで、たとえば単語では"開口e"であったものが"中間e"になり、またoも同じ情況で"閉口o"が"中間o"になるなどということも生じていました。

　詩句の朗誦の場合のこうした発音の仕方について、ここまで説明なしに練習を受け入れていただきましたが、これはじつは先に述べたイタリア語の詩、つまり韻文の韻律法のきまりによるところだったのです。個々の音の発音をすることができる今、韻文の詩句の成り立ち方を知るなら、韻文であるオペラや歌曲の歌詞をより確信をもって発音でき、歌詞を音楽に、つまり音符に添わせるときの微妙なニュアンスを判断する助けになるでしょう。

　この冊子は、母音、子音の発音練習のページ同様に、韻律法を勉学するのを目的としてはいません。歌唱する前段階として歌詞をいかに語るか、朗誦するかを実感していただく、その成果をメロディーにのせていただく。そのための詩句の朗誦練習です。

　すでにお知らせしてあるように、詩句のテキストはモーツァルトとダ·

ポンテのコンビによるオペラ三部作からのアリアとレチタティーヴォ、そのほかの何篇かのアリアや合唱曲や歌曲も有名なものですから、馴染みがあると思われることでしょう。歌詞をすでにご存知でも、やはり繰り返し練習をしていただくことを望みます。ここの録音では、これまでのように詩句の各行ごとに練習発音のためのポーズをおいていません。それぞれのアリア、あるいはレチタティーヴォなどの詩句とそれがつらなる詩節の音の流れを味わっていただくためです。タイミングは工夫して練習をこころみてください。

## 🎵 イタリア語の韻文と詩行の成り立ち

　イタリア語の詩、つまり韻文の詩句を織り成す1行1行をこれまで詩行［＝il verso］と呼んできました。この詩行は韻文であるための韻律法にそった"韻"と"律"を背負っているわけですが、先ず詩行には、1行の音節の数とその数がその行にもたらすアクセントの位置—これを韻律アクセントといいます—によるリズム、"律"があります。これでこれまでの詩句の練習で詩行中の単語が単語自体のアクセントより韻律アクセントの力のためにアクセントなしになる場合のあったことが分かっていただけるでしょう。

　詩行には1行の音節の数によって種類があります。よく用いられるものとしては7種類、5音節詩行［＝quinario］、6音節詩行［＝senario］、7音節詩行［＝settenario］、8音節詩行［＝ottonario］、9音節詩行［＝novenario］、10音節詩行［＝decasillabo］、11音節詩行［＝endecasillabo］があげられるでしょう。オペラや歌曲でもこれらの音節詩行で詞が創られていますので、この冊子では5音節詩行から11音節詩行のアリア、レチタティーヴォ、合唱1篇、歌曲2篇のテキストを用意しました。それぞれがどのような成り立ちの詩行であるかは、朗誦の発音練習のページで、詩句のテキストの前に説明を入れました。

　種類としては、2音節詩行［＝bisillabo］、3音節詩行［＝trisillabo あるいは ternario］、4音節詩行［＝quadrisillabo あるいは quaternario］、11音節詩行より長い詩行も存在します。が、かなり特殊で、2音節詩行

イタリア語の詩句の朗誦　Recitare il verso italiano

は現代詩などで他の詩行のなかに特別な効果のために組み入れられる以外、独立した詩作品としてはありませんし、3音節詩行も独立した作品としてはごくまれに現代詩に現れるくらいです。4音節詩行もやはり単独の作品ではほとんどなく、オペラでもわずかに他の音節詩行、とくに8音節詩行といっしょに用いられた例がある程度です。12音節以上の詩行については、二重詩行［＝verso doppio］と呼ばれるかたちをとり、同じ音節詩行を2つ重ねたもの、たとえばわりあい良く用いられる12音節詩行なら6音節詩行が2つ、14音節詩行なら7音節詩行が2つ合わさったもので、2つは韻律アクセントの位置も同じになります。オペラでは《ラ・トラヴィアータ》のジェルモンのアリア、〈プロヴァンスの海と大地〉の二重8音節詩行の例などが見られます。

　詩行の音節数で興味深いのは、名称の数字が必ずしも詩行の音節数ではないことです。ご存知かとも思いますが、詩行の音節の数え方は、音声学や文法の音節の切り方とは異なっています。たとえば、詩行では隣りあわせた単語同士、前のものの語末の母音が、うしろの単語が母音で始まるとそれと結びついて1つの音節に数えられます。また文法上の1音節である二重母音を2音節にわけて数えること（これは多くの場合それを印す記号をつけ、Dïana、quïete、silenzïosoのようにします）、2音節である2つの母音を1音節に数えることなどもあるのです。そうしたことの細かな規則をここで並べるより、実際の例で見ていただくのが早道かと考え、他の数十人の作曲家とともにモーツァルトも作曲をしているメタスタージオ（P. Metastasio 1698-1782）の台本によるオペラ、《オリンピアの祭り》の一節に詩行の音節のあり方を印した実例を付します。指示の記号にしたがって詩行における音節の切り方をたしかめ、音節の数を指を折りながら数え、果たして詩行の音節の切り方、数え方に納得がゆくかどうか、ためしてみていただきたいと思います。

　もう1つ、詩行について知っておきたいのは、行末のかたちです。ご存知のように、イタリア語の単語は必ずアクセントをもちますが、その位置はもっとも標準的なうしろから2番目の母音におちる単語［＝parola piana］—canto、concerto、pianoforte、orchestrazioneなど—、う

しろから 3 番目におちる単語［＝parola sdrucciola］—m**u**sica、**o**pera、F**i**garo、bar**i**tono など—、最後の母音におちる単語［＝parola tronca］—rond**ò**、Mim**ì**、Turand**o**t、am**a**r、s**o**l、b**e**n、andi**a**m など—があります。詩行の行末にもこれらの 3 種のどれかがくるわけです。先ほどの詩行の音節の数え方でまだ言及しなかったことがあり、あるいはこれがもっとも厳重な、つまりどんな場合にも変わることない規則です。詩行の音節を数えるとき、詩行の最後の単語のアクセントまでを数えるということです。すると "parola piana" ではそのあとにもう 1 音節、"parola sdrucciola" ではもう 2 音節、"parola tronca" では音節なしです。先ほど "parola piana" を標準的といいましたが—イタリア語の単語の 70 パーセント以上がこのアクセントのタイプです—、詩行もこのアクセントの単語を基準にしたと考えればなるほどと思われますが、詩行の音節の数は最後の単語のアクセントまでを数え、それに 1 音節をくわえたものが音節数となるのです。"piana" であれば実際の音節数どおり最後のアクセントのあとに 1 音節、"sdrucciola" であれば実際は最後のアクセントのあとに 2 音節あっても 1 音節、"tronca" であれば実際はあとに何もなくてももう 1 音節、となるわけです。

　たとえば 5 音節詩行であれば、最後のアクセントが 4 音節目にあり、それに 1 音節加えて 5 音節となります。実際の詩行で最後の単語が "piana" であれば、アクセントのあとの音節は 1 音節で、それを足して 5 音節です。ところが "sdrucciola" であれば、アクセントのあとは 2 音節です。が、実際の音節数とは関係なく、1 音節だけ加えて 5 音節詩行と考えます。"tronca" であれば、アクセントのあとに音節はありません。が、この場合、なくても 1 音節を加えて 5 音節詩行と考えます。これが詩行の行末の音節の数え方です。これも後出の実例で納得いただければと思います。

　まれにうしろから 4 番目にアクセントのある単語［＝bisdrucciola］—cap**i**tano、tel**e**fonami など—、うしろから 5 番目にある単語—lib**e**ratene など—、うしろから 6 番目にある単語—am**a**lgamanovisi など—もありますが、これであっても他と同様に、アクセントのあと 3 音節、4 音節等々あってもプラス 1 音節となります。稀ながら "mercurio ed oro amalgamanovisi"のような例もあり、この詩行は実際は11音節ながら、6音節目に最後のアクセントがおちますので、7音節詩行ということになります。

　それでは音節の切り方の実例を見てください。テキスト中、音節の切れ目は"/"で示してあります。語末の母音がうしろの単語の語頭の母音と結びついて1つの音節と数えられる箇所は"-"でつなぎました。詩行の最後の単語についても"piana"か"tronca"か"sdrucciola"かで数え方に注意をしてください。各詩行のあとにその行の音節数と詩行名を入れておきますので参考にしてください。

| | |
|---|---|
| Dun/que/ Li/ci/da -in/gra/to | （7音節、7音節詩行） |
| già/ di/ me/ si/ scor/dò! / Po/ve/ra -Ar/ge/ne, | （11音節、11音節詩行） |
| a/ che/ mai/ ti/ ser/bâr/ le/ stel/le -i/ra/te! | （11音節、11音節詩行） |
| Im/pa/ra/te, -im/pa/ra/te, | （7音節、7音節詩行） |
| i/ne/sper/te/ don/zel/le. -Ec/co/ lo/ sti/le | （11音節、11音節詩行） |
| de'/ lu/sin/ghie/ri -a/man/ti. -O/gnun/ vi/ chia/ma | （11音節、11音節詩行） |
| suo/ ben, / sua/ vi/ta-e/ suo/ te/so/ro: -o/gnu/no | （11音節、11音節詩行） |
| giu/ra/ che, -a/ voi/ pen/san/do, | （7音節、7音節詩行） |
| va/neg/gia -il/ dì,/ ve/glia/ le/ not/ti. -Han/ l'ar/te | （11音節、11音節詩行） |
| di/ la/gri/mar,/ d'im/pal/li/dir./ Tal/ vol/ta | （11音節、11音節詩行） |
| par/ che/ su/ gli -oc/chi/ vo/stri | （7音節、7音節詩行） |
| vo/glian/ mo/rir/ fra/ gli -a/mo/ro/si -af/fan/ni: | （11音節、11音節詩行） |
| guar/da/te/vi/ da/ lor, / son/ tut/ti-in/gan/ni. | （11音節、11音節詩行） |
| Più/ non/ si/ tro/va/no | （6音節、5音節詩行） |
| fra/ mil/le -a/man/ti | （5音節、5音節詩行） |
| sol/ due/ bel/l'a/ni/me, | （6音節、5音節詩行） |
| che/ sian/ co/stan/ti | （5音節、5音節詩行） |
| e/ tut/ti/ par/la/no | （6音節、5音節詩行） |
| di/ fe/del/tà. | （4音節、5音節詩行） |

| | |
|---|---|
| E -il/ reo/ co/stu/me | （5音節、5音節詩行） |
| tan/to/ s'a/van/za, | （5音節、5音節詩行） |
| che/ la/ co/stan/za | （5音節、5音節詩行） |
| di/ chi/ ben/ a/ma | （5音節、5音節詩行） |
| or/ mai/ si/ chia/ma | （5音節、5音節詩行） |
| sem/pli/ci/tà. | （4音節、5音節詩行） |

　詩行の担うもう1つの要素の"韻［＝rima］"ですが、これは単語同士、アクセントのある母音からあとの音が同じにそろうことをいいます。たとえば "**aria**" と "v**aria**"、"**opera**" と "sci**opera**"、"am**ar**" と "cant**ar**"、"fedel**tà**" と "semplici**tà**"、"**tu**" と "**più**" と "gioven**tù**" は韻がそろっているわけです。韻を踏むのは主として行末で、同じ韻により詩行にたがいに関連をもたせながら詩行をつらねて詩節［＝strofa］を形成します。

　詩行の韻のそろえ方にも種類があり、2行を同じにする対韻［＝rima baciata］、1行ずつ互い違いにそろえる交代韻［＝rima alternata］、4行を組にして最初と最後をそろえて中に同じ2行を入れる交叉韻［＝rima incrociata］、3行で最初と最後が同じ、中央の韻が次の3行の最初と最後になり、またその次も同じにつながる連鎖韻［＝rima incatenata］など多くがあります。これらの韻は行末を見ていただけば、押韻されているか、されていないか、されているならどのような韻のどのような組み合わせか、すぐに見分けられるでしょう。

## ❧ 詩行間、詩節間の間のとり方

　詩行が何行かまとまったものを詩節［＝strofa］と呼ぶと先ほどいいました。オペラ・アリアもレチタティーヴォも詩節をなしていますが、朗誦では、1詩節のうちで詩行から詩行へうつるとき、1音節にあたるくらいのポーズをおくのが普通です。詩節から次の詩節へうつるときは、少なくとも2音節くらいのポーズをあけるのが良いでしょう。

　韻文では、詩行の音節の数、韻律アクセントの位置、脚韻など韻律法の多くのきまりに従いながらさまざまな内容を表現してゆきます。このとき

日常的な、また散文的な文章の構成、つまり語順では韻文のきまりを守りきれないだろうことはすぐ想像できます。現にそのとおりで、詩でのセンテンスの組み立ては、意味上から考えれば1行におさまるべきであっても、ふつうの語順とはちがい、1部が次の行、さらにまた別の行にあったり、行中に意味上の区切りが来たりということがあります。そうしたとき朗誦はどうするか、意味上からポーズをとるか、詩行のかたちのままにポーズをとるか。韻文では意味でなく、詩行を尊重します。とすれば、たとえば、意味上2詩行つながっていたとしても、詩行のあとにはポーズをおく、詩行中に意味上の、あるいはセンテンスの区切りがあってもポーズはおかずに進む、というのが正しい朗誦のあり方です。そうでなければ、韻文が因って立つ詩行のリズムや脚韻のひびきなどの意味が失われることになるでしょう。意味の区切りを分からせようとするなら、それは声の調子などということになります。

　それでは、イタリア語の韻文について少しだけ規則を知ったところで、詩行の発音練習に入っていただきましょう。考えてみると、19世紀ころまでは詩に親しむような人たちは韻文の規則を知っていましたから、詩句を見ればどのような形式の詩か、どこに韻律アクセントがあり、脚韻はどうなっているかなど、自然に分かって朗誦できました。しかし現在はイタリアの学校でもあまり詩の暗誦をしなくなり、子供も大人も韻律法に関心のない情況になっています。本来は、詩句を朗誦するには、読譜法を知らずに楽譜を目の前にして演奏できるかというとそうはいかないのと同様、韻文の規則を知らなければできないはずです。そこで練習していただくテキストは、左側に原文のテキスト、右側に朗誦の規則が見て分かるように、韻律アクセントのある箇所は"太字"で示し、単語の語末の母音と次の単語の語頭の母音が1音節につながる箇所は"‐"を入れて結んだテキストを配しました。韻律法の細かな説明はしませんでしたが、これは別の機会にゆずることにし、CDはよく知られたレパートリーからの詩句でもありますので、楽しみながら練習してくださることを望みます。

イタリア語の詩句の朗誦　Recitare il verso italiano

# 5音節詩行　QUINARIO

　最後の韻律アクセントが行頭から数えて4音節目に落ちる詩行です。すでに述べたように良く用いられる音節詩行のうちで最も短いものですが、リズムの変化に富んでいて、イタリア語の詩では伝統的に用いられてきました。

　5音節詩行の韻律アクセントのある位置は、必ずなければならない4音節目だけ、1音節目と4音節目、2音節目と4音節目の3通りがあります。

　バロック時代、特にメロドランマのなかで、必ずしも荒々しくはないがスピード感のある行為や感情を表現するような短いアリアのためによく用いられています。先の音節の切り方の例に選んだ《オリンピアの祭り》中のアリア、"Più non si trovano"は良く知られるとおりです。

**(II-11)**

| | |
|---|---|
| Più non si trovano | Più non si trovano |
| fra mille amanti | fra mille-amanti |
| sol due bell'anime | sol due bell'anime |
| che sian costanti, | che sian costanti, |
| e tutti parlano | e tutti parlano |
| di fedeltà; | di fedeltà; |
| | |
| e il reo costume | e-il reo costume |
| tanto s'avanza, | tanto s'avanza, |
| che la costanza | che la costanza |
| di chi ben ama | di chi ben ama |
| ormai si chiama | ormai si chiama |

CD II-11~16

semplicità.　　　　　　　　　　semplicità.
　　　(L'Olimpiade 1 幕 7 景)

**(II-12)**

Dalla sua pace　　　　　　　　Dalla sua pace
la mia dipende,　　　　　　　 la mia dipende,
quel che a lei piace　　　　　　quél che-a lei piace
vita mi rende,　　　　　　　　vita mi rende,
quel che le incresce　　　　　　quél che le-incresce
morte mi dà.　　　　　　　　 mòrte mi dà.

S'ella sospira,　　　　　　　　S'élla sospira,
sospiro anch'io;　　　　　　　sospiro-anch'io;
è mia quell'ira,　　　　　　　 è mia quell'ira,
quel pianto è mio;　　　　　　quel pianto-è mio;
e non ho bene,　　　　　　　 e non hò bene,
s'ella non l'ha.　　　　　　　 s'élla non l'ha.
　　　(Don Giovanni 1 幕 14 景)

**(II-13)**

Fin ch'han dal vino　　　　　　Fin ch'han dal vino
calda la testa,　　　　　　　　calda la testa,
una gran festa　　　　　　　　una gran festa
fa' preparar.　　　　　　　　 fa' preparar.

Se trovi in piazza　　　　　　 Se trovi-in piazza
qualche ragazza,　　　　　　　qualche ragazza,
teco ancor quella　　　　　　　teco-ancor quélla
cerca menar.　　　　　　　　 cérca menar.

Senza alcun ordine
la danza sia,
chi 'l minuetto,
chi la follia,
chi l'alemanna
farai ballar.
  (Don Giovanni 1幕15景)

**(II-14)**
Vedrai, carino,
se sei buonino,
che bel rimedio
ti voglio dar:

È naturale,
non dà disgusto,
e lo speziale
non lo sa far.

È un certo balsamo
che porto addosso:
dare tel posso,
se il vuoi provar.
  (Don Giovanni 2幕6景)

**(II-15)**
Vivan le femmine,
viva il buon vino,
sostegno e gloria

Senza-alcun **o**rdine
la d**a**nza s**i**a,
ch**i** 'l minuetto,
ch**i** la foll**i**a,
ch**i** l'alemanna
far**a**i ball**a**r.

Vedr**a**i, car**i**no,
se s**è**i buon**i**no,
che b**è**l rim**e**dio
ti v**o**glio d**a**r:

**È** naturale,
non d**à** disg**u**sto,
e lo speziale
non lo sa f**a**r.

È-un c**è**rto b**a**lsamo
che p**ò**rto-add**o**sso:
d**a**re tel p**o**sso,
se-il vu**o**i provar.

V**i**van le f**e**mmine,
v**i**va-il buon v**i**no,
sost**e**gno-e gl**o**ria

d'umanità! d'umanità!
  (Don Giovanni 2幕14景)

**(II-16)**

Se vuol ballare,      Se vu**o**l ball**a**re,
signor Contino,      sign**o**r Cont**i**no,
il chitarrino      il chitarr**i**no
le suonerò.      le suoner**ò**.

Se vuol venire      Se vu**o**l ven**i**re
nella mia scuola      n**é**lla mia scu**o**la
la caprïola      la caprï**o**la
le insegnerò.      le-insegner**ò**.

  (Nozze di Figaro 1幕1景)

# 6音節詩行　SENARIO

　最後の韻律アクセントが5音節目に落ちる詩行です。韻律アクセントの落ちる位置としては、必ずなければならない5音節目だけ、1と5音節目、2と5音節目、3と5音節目、1と3と5音節目が考えられますが、実際にはイタリア語詩では2と5音節目のかたちだけが用いられ、そしてイタリア語の作詞には良く使われるものです。

　オペラ台本ではこの2と5音節目にアクセントの6音節詩行は使われるものの、しばしばというほどではなく、幕の始めや最後のアリアによく登場します。この詩行の有名なアリアはロッシーニ《湖上の美人》の第2幕冒頭の"O fiamma soave"でしょう。でも最もよく知られる1篇となるとモーツァルトとダ・ポンテの《コジ・ファン・トゥッテ》第1幕の三重唱"Soave sia il vento"かと思われます。

(II-17)

| | |
|---|---|
| O fi**a**mma so**a**ve, | O fi**a**mma so**a**ve, |
| che l'**a**lma mi acc**e**ndi, | che l'**a**lma mi-acc**e**ndi, |
| piet**o**sa ti r**e**ndi | piet**o**sa ti r**e**ndi |
| a un f**i**do am**a**tor. | a-un f**i**do-am**a**tor. |
| | |
| Per te forsenn**a**to | Per te forsenn**a**to |
| affr**o**nto il per**i**glio: | affr**o**nto-il per**i**glio: |
| non c**u**ro il mio st**a**to, | non c**u**ro-il mio st**a**to, |
| non ho più cons**i**glio; | non h**ò** più cons**i**glio; |
| | |
| ved**e**rti un mom**e**nto, | ved**e**rti-un mom**e**nto, |
| be**a**rmi in quel c**i**glio | be**a**rmi-in quel c**i**glio |
| è il d**o**lce cont**e**nto | è-il d**ó**lce cont**e**nto |

che anela il mio cor!                che-anela-il mio c**o**r!
　　　（Tottola 詞 Rossini 曲　La donna del lago 2 幕 1 場）

**(II-18)**
Soave sia il vento,                  So**a**ve sia-il v**e**nto,
tranquilla sia l'onda,               tranqu**i**lla sia l'**ó**nda,
ed ogni elemento                     ed **o**gni-elemento
benigno risponda                     ben**i**gno risp**o**nda
ai nostri desir.                     ai n**o**stri des**i**r.
　　　（Così fan tutte 1 幕 6 景）

**(II-19)**
Or sai chi l'onore                   Or sai chi l'on**o**re
rapire a me volse,                   rap**i**re-a me v**ò**lse,
chi fu il traditore,                 chi f**u**-il tradit**o**re,
che il padre mi tolse;               che-il p**a**dre mi t**ò**lse;
vendetta ti chiedo;                  vend**é**tta ti chi**e**do;
la chiede il tuo cor.                la chi**e**de-il tuo c**o**r.

Rammenta la piaga                    Ramm**e**nta la pi**a**ga
del misero seno,                     del m**i**sero s**é**no,
rimira di sangue                     rim**i**ra di s**a**ngue
coperto il terreno,                  cop**è**rto-il terr**e**no,
se l'ira in te langue                se l'**i**ra-in te l**a**ngue
d'un giusto furor.                   d'un gi**u**sto fur**o**r.
　　　（Don Giovanni 1 幕 13 景）

**(II-20)**
La mia Dorabella                     La mia Dorab**è**lla

capace non è:  
fedel quanto bella  
il cielo la fe'.

La mia Fiordiligi  
tradirmi non sa:  
uguale in lei credo  
costanza a* beltà.

  (Così fan tutte 1 幕 1 景)

capace non è:  
fedel quanto bèlla  
il cielo la fe'.

La mia Fiordiligi  
tradirmi non sa:  
uguale-in lei credo  
costanza-a* beltà.

## (II-21)

Non siate ritrosi,  
occhietti vezzosi:  
due lampi amorosi  
vibrate un po' qua.

Voi siete forieri**  
di dolci pensieri:  
chi guardavi un poco  
di foco si fa.

  (Così fan tutte 1 幕 11 景)

Non siate ritrosi,  
occhiétti vezzosi:  
due lampi-amorosi  
vibrate-un po' qua.

Voi siete forieri**  
di dólci pensieri:  
chi guardavi-un pòco  
di foco si fa.

## (II-22)

Un'aura amorosa  
del nostro tesoro  
un dolce ristoro  
al cor porgerà;

al cor che nudrito

Un'aura-amorosa  
del nostro tesòro  
un dólce ristòro  
al cor porgerà;

al cor che nudrito

63

da speme, da amore,              da speme, da-amore,
di un'esca migliore              di-un'esca migliore
bisogno non ha.                  bisogno non ha.
　　　　(Così fan tutte 1幕12景)

**(II-23)**

Se a caso Madama                 Se-a caso Madama
la notte ti chiama,              la notte ti chiama,
din din; in due passi            din din; in due passi
da quella puoi gir.              da quélla puoi gir.

Vien poi l'occasione             Vien poi l'occasione
che vuolmi il padrone,           che vuolmi-il padrone,
don don; in tre salti            don don; in tre salti
lo vado a servir.                lo vado-a servir.
　　　　(Nozze di Figaro 1幕1景)

* モーツァルト新全集では"a"でなく"e"となっています。新全集編纂時に検討がなされて"e"が採用されたと考えられ、他のリコルディ社などの総譜も"e"となっています。しかし厳密に文法に則ってこの詩句を解釈すると、"a"がより語法として正しいので、このテキストではこちらを採りました。
"a"であれば、"僕のフィオルディリージは僕を裏切ることはできない、彼女のうちに僕は信じている (in lei credo)、美しさと同じように (uguale a beltà) 節操堅固を (costanza)"となります。"e"であれば、"僕のフィオルディリージは僕を裏切ることはできない、彼女のうちに僕は信じている (in lei credo)、同じように (uguale) 節操堅固と美しさを (costanza e beltà)"となります。が、そのように解釈するためには、"costanza"と"beltà"という2つのことを同じように信じるのですから、"uguale"は両方に関係することになり、とすれば複数の"uguali"でなければ文法上合理的ではありません。ダ・ポンテがどう記していたか知る手立てはありませんが、1つの試みとして"a"をこのテキストで提案してみました。
** この2節目は、モーツァルト新全集などの総譜ですと別の詩句ですが、このようなものも存在したという興味のために入れてみました。

# 🎼 7音節詩行　SETTENARIO

　最後の韻律アクセントが6音節目に落ちる詩行です。7音節詩行のリズムとしては、韻律アクセントの落ちる位置が、必ずなければならない6音節目だけ、1と6音節目、2と6音節目、3と6音節目、4と6音節目、1と3と6音節目、1と4と6音節目、2と4と6音節目があります。

　イタリア語詩の歴史の最初から非常に良く用いられた詩型で、とくにオペラ台本では絶対的存在です。というのも、レチタティーヴォでは、後出の11音節詩行と自由に組み合わせて作詞されるからです。オペラ台本のなかで最も有名な7音節詩の1篇といえば、《ドン・ジョヴァンニ》の二重唱 "Là ci darem la mano" でしょうか。

**(II-24)**

| | |
|---|---|
| Là ci darem la mano, | Là ci darem la mano, |
| là mi dirai di sì. | là mi dirai di sì. |
| Vedi non è lontano: | Védi non è lontano: |
| partiam, ben mio, di qui. | partiam, ben mio, di qui. |
| | |
| Vorrei, e non vorrei, | Vorrèi, e non vorrèi, |
| mi trema un poco il cor; | mi trema-un pòco-il cor; |
| felice, è ver, sarei; | felice,-è ver, sarèi; |
| ma può burlarmi ancor. | ma può burlarmi-ancor. |

(Don Giovanni 1幕9景)

**(II-25)**

| | |
|---|---|
| Aprite un po' quegli occhi, | Aprite-un pò' quegli-òcchi, |
| uomini incauti e sciocchi, | uomini-incauti-e sciocchi, |
| guardate queste femmine, | guardate quéste femmine, |

7音節詩行 SETTENARIO

guardate cosa son!

queste chiamate Dee
dagli ingannati sensi,
a cui tributa incensi
la debole ragion.

　　　　guardate cosa s**ó**n!

qu**é**ste chiamate Dee
dagli-ingannati sensi,
a cui trib**u**ta-incensi
la debole ragi**o**n.

（Nozze di Figaro 4幕8景）

**(II-26)**

Fuggi, crudele, fuggi!
Lascia che mora anch'io
ora ch'è morto, oh Dio!
chi a me la vita die'.

F**u**ggi, crud**e**le, f**u**ggi!
Lascia che m**o**ra-anch'io
**o**ra ch'è m**ò**rto,-oh Dio!
chi-a m**è** la v**i**ta die'.

Senti, cor mio, deh senti,
guardami un solo istante,
ti parla il caro amante
che vive sol per te.

Senti, cor m**i**o, deh senti,
guardami-un solo-istante,
ti p**a**rla-il caro-amante
che v**i**ve s**o**l per t**è**.

Tu sei... perdon, mio bene...
l'affanno mio... le pene...
Ah il padre mio dov'è?

Tu s**è**i... perd**o**n, mio bene...
l'affanno m**i**o... le p**e**ne...
**A**h-il padre m**i**o dov'**è**?

Il padre... lascia, o cara,
la rimembranza amara...
Hai sposo e padre in me.

Il p**a**dre... lascia,-o c**a**ra,
la rimembranza-am**a**ra...
Hai sp**o**so-e padre-in m**è**.

Ah vendicar, se il puoi,
giura quel sangue ognor.

**A**h vendic**a**r, se-il pu**o**i,
gi**u**ra quel sangue-ogn**o**r.

Lo giuro agli occhi tuoi,　　　　Lo giuro-agli-òcchi tuoi,
lo giuro al nostro amor.　　　　lo giuro-al nostro-amor.

Che giuramento, oh Dei!　　　　Che giuramento,-oh Dei!
Che barbaro momento!　　　　　Che barbaro momento!
Tra cento affetti e cento　　　　 Tra cento-affetti-e cento
vammi ondeggiando il cor.　　　vammi-ondeggiando-il cor.
　　　　(Don Giovanni 1幕3景)

**(II-27)**
Da qual tremore insolito...　　　Da qual tremore-insolito...
Sento assalir gli spiriti...　　　　sento-assalir gli spiriti...
Donde escono quei vortici　　　Dond'escono quei vortici
di fuoco pien d'orror!　　　　　di fuoco pien d'orror!

Tutto a tue colpe è poco.　　　　Tutto-a tue cólpe-è pòco.
Vieni: c'è un mal peggior!　　　 Vieni: c'è-un mal peggior!

Chi l'anima mi lacera!　　　　　Chi l'anima mi lacera!
Chi m'agita le viscere!　　　　　Chi m'agita le viscere!
Che strazio, oimè, che smania!　Che strazio,-oimè, che smania!
Che inferno! che terror!　　　　 Che-infèrno! che terror!

Che ceffo disperato!　　　　　　Che ceffo disperato!
Che gesti da dannato!　　　　　Che gesti da dannato!
Che gridi, che lamenti!　　　　　Che gridi, che lamenti!
Come mi fa terror!　　　　　　　Cóme mi fa terror!
　　　　(Don Giovanni 2幕15景)

7音節詩行　SETTENARIO

# 8音節詩行　OTTONARIO

　最後の韻律アクセントが7音節目に落ちます。韻律アクセントのリズムとしては13種類、必ずなければならない7音節目だけ、1と7音節目、2と7音節目、3と7音節目、4と7音節目、5と7音節目、1と3と7音節目、1と4と7音節目、1と5と7音節目、2と4と7音節目、2と5と7音節目、3と5と7音節目、1と3と5と7音節目が考えられますが、イタリア語詩の伝統ではこのうちの1つのかたち、3と7音節目がよく使われます。

　オペラの台本では17世紀から19世紀まで広く用いられました。そのうちなんといっても《ドン・ジョヴァンニ》の冒頭のレポレッロのアリア"Notte e giorno faticar"が8音節詩行の代表でしょう。

**(II-28)**　　　　　　　　　　　　　　　　　　　CD II-28~33

| | |
|---|---|
| Notte e giorno faticar | Notte-e giórno faticar |
| per chi nulla sa gradir; | per chi nulla sa gradir; |
| piova e vento sopportar, | piova-e vento sopportar, |
| mangiar male e mal dormir... | mangiar male-e mal dormir... |
| Voglio far il gentiluomo, | Voglio far il gentiluomo, |
| e non voglio più servir. | e non voglio più servir. |
| | |
| Oh che caro galantuomo! | Oh che caro galantuomo! |
| Voi star dentro con la bella, | Voi star déntro con la bèlla, |
| ed io far la sentinella! | ed io far la sentinèlla! |
| Ma mi par... che venga gente...; | Ma mi par... che venga gente...; |
| non mi voglio far sentir. | non mi voglio far sentir. |

（Don Giovanni 1幕1景）

**(II-29)**

V'ha fra queste contadine,
cameriere, cittadine,
v'han contesse, baronesse,
marchesane, principesse,
e v'han donne d'ogni grado,
d'ogni forma, d'ogni età.

Nella bionda egli ha l'usanza
di lodar la gentilezza,
nella bruna la costanza,
nella bianca la dolcezza.

Vuol d'inverno la grassotta,
vuol d'estate la magrotta;
è la grande maestosa,
la piccina è ognor vezzosa.

Delle vecchie fa conquista
pel piacer di porle in lista;
ma passion predominante
è la giovin principiante.

Non si picca se sia ricca,
se sia brutta, se sia bella:
purché porti la gonnella,
voi sapete quel che fa.

V'ha fra qu**é**ste conta**di**ne,
cameri**e**re, citta**di**ne,
v'han cont**é**sse, baron**é**sse,
marches**a**ne, princip**é**sse,
e v'han d**ò**nne d'ogni gr**a**do,
d'ogni f**o**rma, d'ogni-et**à**.

Nella bi**ó**nda-egli-ha l'us**a**nza
di lod**a**r la gentil**é**zza,
nella br**u**na la cost**a**nza,
nella bi**a**nca la dolc**é**zza.

Vuol d'inv**è**rno la grass**o**tta,
vuol d'est**a**te la magr**o**tta;
è la gr**a**nde maest**o**sa,
la picc**i**na-è-ognor vezz**o**sa.

Delle v**è**cchie fa conqu**i**sta
pel pi**a**cer di porle-in l**i**sta;
ma passi**o**n predomin**a**nte
è la gi**ó**vin principi**a**nte.

Non si p**i**cca se sia r**i**cca,
se sia br**u**tta, se sia b**è**lla:
purché p**ò**rti la gonn**è**lla,
voi sap**e**te quel che f**a**.

(Don Giovanni 1 幕 5 景)

**(II-30)**

Questo è il fin di chi fa mal!          Questo-è-il fin di chi fa mal!
E de' perfidi la morte                  E de' pèrfidi la mòrte
alla vita è sempre ugual!               alla vita-è sempre-ugual!
　　　(Don Giovanni フィナーレ)

**(II-31)**

Fortunato l'uom che prende              Fortunato l'uom che prende
ogni cosa pel buon verso,               ogni còsa pel buon vèrso,
e tra i casi e le vicende               e tra-i casi-e le vicende
da ragion guidar si fa.                 da ragion guidar si fa.
Quel che suole altrui far piangere      Quel che suole-altrui far piangere
fia per lui cagion di riso;             fia per lui cagion di riso;
e del mondo in mezzo ai turbini         e del móndo-in mezzo-ai turbini
bella calma troverà.                    bella calma troverà.
　　　(Così fan tutte フィナーレ)

**(II-32)**

La vendetta, oh la vendetta!            La vendétta,-oh la vendétta!
è un piacer serbato ai saggi:           è-un piacer serbato-ai saggi:
oblïar l'onte, gli oltraggi,            oblïar l'onte, gli-oltraggi,
è bassezza, è ognor viltà.              è bassézza,-è-ognor viltà.

Coll'astuzia... coll'arguzia...         Coll'astuzia... coll'arguzia...
col giudizio... col criterio...         col giudizio... col criterio...
si potrebbe...-il fatto è serio...      si potrebbe...-il fatto-è serio...
ma credete si farà.                     ma credete si farà.
　　　(Nozze di Figaro 1幕3景)

**(II-33)**

Tra guerrieri poffar Bacco!
Gran mustacchi, stretto sacco,
schioppo in spalla, sciabla al fianco,
collo dritto, muso franco,
o un gran casco, o un gran turbante,
molto onor, poco contante,
ed invece del fandango,
una marcia per il fango,

per montagne, per valloni,
con le nevi e i solleoni,
al concerto di tromboni,
di bombarde, di cannoni,
che le palle in tutti i tuoni
all'orecchio fan fischiar.

Cherubino, alla vittoria;
alla gloria militar.
(Nozze di Figaro 1 幕 8 景)

Tra guerrieri poffar Bacco!
Gran mustacchi, strétto sacco,
schioppo-in spalla, sciabla-al fianco,
collo dritto, muso franco,
o-un gran casco,-o-un gran turbante,
molto-onor, poco contante,
ed invece del fandango,
una marcia per il fango,

per montagne, per vallóni,
con le névi-e-i solleóni,
al concèrto di trombóni,
di bombarde, di cannóni,
che le palle-in tutti-i tuoni
all'orecchio fan fischiar.

Cherubino,-alla vittoria;
alla gloria militar.

# 9音節詩行　NOVENARIO

　最後の韻律アクセントが8音節目に落ちる詩行です。この詩行ではアクセントの組み合わせは21通り考えられますが、実際に使われるのは1種類、2と5と8音節目にアクセントのあるかたちのみです。

　この詩行は、イタリア語詩では19世紀半ばから詩作に取り入れられました。コンスタントに3音節ごとにアクセントのあるリズムは柔和な甘さ、繊細な音楽性といった効果を出すことができ、それは詩の世界に新奇な感覚をもたらすものでした。

　2、5、8番目にアクセントのこの9音節詩行はすぐにオペラの台本にも歌曲の詞にも取り入れられましたが、まずその代表格としてはボーイトの《メフィストーフェレ》の第3幕のあまりに見事なアリア "Lontano lontano lontano" をあげるべきでしょう。またダンヌンツィオの詩行に曲づけしたトスティのロマンツァ "O falce di luna calante" も優れて美しい作品です。

**(II-34)**　　　　　　　　　　　　　　　　　　　CD II-34~36

Lontano lontano lontano　　　　　　　Lontano lontano lontano
sui flussi d'un ampio oceano,　　　　sui fl**u**ssi d'un **a**mpio-oce**a**no*,
tra i roridi effluvii del mar,　　　　　tra-i r**o**ridi-effl**u**vii del m**a**r,
tra l'alghe tra i fior tra le palme　　tra l'**a**lghe tra-i fi**o**r tra le p**a**lme
il porto dell'intime calme,　　　　　il p**ò**rto dell'**i**ntime c**a**lme,
l'azzurra isoletta m'appar.　　　　　l'azz**u**rra-isol**é**tta m'app**a**r.

M'appare sul cielo sereno　　　　　M'app**a**re sul ci**e**lo ser**e**no
ricinta d'un arcobaleno,　　　　　　ricinta d'un arcobal**e**no,
specchiante sorriso del sol:　　　　specchi**a**nte sorr**i**so del s**o**l:
la fuga dei liberi amanti　　　　　　la f**u**ga dei l**i**beri-am**a**nti

speranti migranti raggianti  
dirige a quell'isola il vol.  
      (Mefistofele 3 幕)

speranti migranti raggianti  
dir**i**ge-a quell'**i**sola-il v**o**l.

*8音節目にアクセントが欲しいために oceano の本来のアクセントの位置である oceano が oceano になります。

## (II-35) O FALCE DI LUNA CALANTE

O falce di luna calante  
che brilli sull'acque deserte,  
o falce d'argento, qual messe di sogni*  
ondeggia a 'l tuo mite chiarore qua giù!

Aneliti brevi di foglie  
di fiori di flutti da 'l bosco  
esalano a 'l mare: non canto, non grido  
non suono pe 'l vasto silenzïo va.

Oppresso d'amor, di piacere  
il popol de' vivi s'addorme...  
O falce calante, qual messe di sogni  
Ondeggia a 'l tuo mite chiarore qua giù!

      (D'Annunzio 詞 Tosti 曲)

O falce di l**u**na calante  
che br**i**lli sull'**a**cque des**è**rte,  
o falce d'arg**e**nto, qual m**e**sse di s**o**gni*  
ond**é**ggia-a 'l tuo m**i**te chiar**o**re qua gi**ù**!

An**e**liti br**e**vi di f**o**glie  
di fi**o**ri di fl**u**tti da 'l b**o**sco  
esal**a**no-a 'l m**a**re: non c**a**nto, non gr**i**do  
non su**o**no pe 'l v**a**sto silenzïo va.

Oppr**e**sso d'am**o**r, di piac**e**re  
il p**o**pol de' v**i**vi s'add**ò**rme...  
O falce calante, qual messe di s**o**gni  
ond**é**ggia-a 'l tuo m**i**te chiar**o**re qua gi**ù**!

*この詩節の3行目、4行目は9音節詩行の2、5、8音節目と3音節毎におちる韻律アクセントをもう1単位（3音節）だけ長くして、11音節目にアクセントをおき、12音節詩行にしています。後の詩節も同じ形です。

## (II-36) L'ASSIUOLO

Dov'era la luna? Ché-il cielo  
notava in un'alba di perla,  
ed ergersi il mandorlo e il melo

Dov'**è**ra la l**u**na? Ché-il ci**e**lo  
Not**a**va in un'**a**lba di p**è**rla,  
ed **è**rgersi il mand**o**rlo-e-il m**e**lo

9音節詩行　NOVENARIO

| | |
|---|---|
| parevano a meglio vederla. | parevano a meglio vederla. |
| Ven**i**vano s**o**ffi di lampi | Ven**i**vano s**o**ffi di lampi |
| da un nero di n**u**bi laggi**ù**, | da-un n**é**ro di n**u**bi laggi**ù**, |
| veniva una v**o**ce dai c**a**mpi: | veniva-una v**o**ce dai c**a**mpi: |
| chï**ù**...* | chï**ù**...* |
| | |
| Le stelle luc**e**vano r**a**re | Le st**é**lle** luc**e**vano r**a**re |
| tra m**e**zzo alla n**e**bbia di l**a**tte: | tra m**e**zzo-alla n**e**bbia di l**a**tte: |
| sent**i**vo il cull**a**re del m**a**re, | sent**i**vo-il cull**a**re del m**a**re, |
| sent**i**vo un fru fr**u** tra le fr**a**tte; | sent**i**vo-un fru fr**u** tra le fr**a**tte; |
| sent**i**vo nel cu**o**re un sus**u**lto, | sent**i**vo nel cu**o**re-un sus**u**lto, |
| com'**e**co d'un gr**i**do che f**u**. | com'**e**co d'un gr**i**do che f**u**. |
| Son**a**va lont**a**no il sing**u**lto: | Son**a**va lont**a**no-il sing**u**lto: |
| chï**ù**... | chï**ù**... |
| | |
| Su t**u**tte le l**u**cide v**e**tte | Su t**u**tte le l**u**cide v**é**tte |
| trem**a**va un sosp**i**ro di v**e**nto; | trem**a**va-un sosp**i**ro di v**e**nto; |
| squass**a**vano le caval**e**tte | squass**a**vano l**e** caval**é**tte |
| fin**i**ssimi s**i**stri d'**a**rgento | fin**i**ssimi s**i**stri d'**a**rgento |
| (tint**i**nni a invis**i**bili p**o**rte | (tint**i**nni-a-invis**i**bili p**ò**rte |
| che f**o**rse non s'**a**prono pi**ù**?...); | che f**o**rse non s'**a**prono pi**ù**?...); |
| e c'**e**ra quel pi**a**nto di m**o**rte... | e c'**è**ra quel pi**a**nto di m**ò**rte... |
| chï**ù**... | chï**ù**... |

(Pascoli 詞 Zandonai 曲)

＊9音節の詩行のあとに1語のこの行があるのは、9音節詩行は各行すべて同じリズムが繰り返される特徴から、詩行がどこまでも続いていくかの感覚が生まれてくるので、それを2音節目のアクセントで切り（chiù と1音節でなく chïù と2音節にしていることに注意してください）、あとのリズムは余韻を…、という詩人パスコリの意図の表れと感じられます。

＊＊母音の"開口 e"での説明によれば、"stella"の"e"はラテン語の語源が"stella"

であると開口"e"になりそうですが、閉口です。ラテン語に"stella"はありますが、現在のイタリア語の"stella"は"aster"に縮小語尾の"illa"が付いてできたものと考えるべきで、"asterilla"が"stella"になったために閉口です。

# 10音節詩行　DECASILLABO

　最後の韻律アクセントが9音節目に落ちる詩行です。韻律アクセントの位置としては36種類考えられますが、イタリア語詩の伝統では3音節目と6音節目と必ずなければならない9音節目にアクセントのかたちのみが用いられています。

　これは豊かで厳粛なリズム感があり、勇壮な、あるいは戦闘的状況の表現に非常に適しています。オペラ台本では、とくに19世紀には好んで用いられ、なかでもヴェルディのオペラの合唱曲には欠かせない詩行で、《ナブッコ》第3幕の "Va pensiero sull'ali dorate" や《第一次十字軍のロンバルディア人》第4幕の "O Signore dal tetto natio" は誰もが知る合唱曲でしょう。それ以前、ダ・ポンテもモーツァルトのオペラ三部作でこの詩型をしばしば用いています。

**(II-37)**

| | |
|---|---|
| Madamina, il catalogo è questo | Madamina,-il catalogo-è quésto |
| delle belle che amò il padron mio, | delle bèlle che-amò-il padron mio, |
| un catalogo egli è che ho fatt'io, | un catalogo-egli-è che-ho fatt'io, |
| osservate, leggete con me. | osservate, leggete con mè. |
| | |
| In Italia seicento e quaranta, | In Italia seicento-e quaranta, |
| in Lamagna duecento e trent'una, | in Lamagna duecento-e trent'una, |
| cento in Francia, in Turchia novant'una, | cento-in Francia,-in Turchia novant'una, |
| ma in Ispagna son già mille e tre. | ma-in Ispagna son già mille-e tre. |

（Don Giovanni 1幕5景）

**(II-38)**

Non si pasce di cibo mortale　　Non si pasce di cibo mortale

chi si pasce di cibo celeste.
Altre cure più gravi di queste,
altra brama quaggiù mi guidò!
　　　(Don Giovanni 2 幕 15 景)

chi si pasce di cibo celeste.
Altre cure più gravi di quéste,
altra brama quaggiù mi guidò!

**(II-39)**

Sani e salvi, agli amplessi amorosi
delle nostre fidissime amanti
ritorniamo, di gioia esultanti,
per dar premio alla lor fedeltà.

Sani-e salvi,-agli-amplessi-amorosi
delle nostre fidissime-amanti
ritorniamo, di giòia-esultanti,
per dar prèmio-alla lor fedeltà.

Giusti Numi! Guglielmo, Ferrando!
Oh che giubilo! qui? come, e quando?

Giusti Numi! Guglielmo, Ferrando!
Oh che giubilo! qui? come,-e quando?

Richiamati da regio contrordine,
pieno il cor di contento e di giolito,
ritorniamo alle spose adorabili,
ritorniamo alla vostra amistà.
　　　(Così fan tutte 2 幕 18 景)

Richiamati da regio contrordine,
pieno-il cor di contento-e di giòlito,
ritorniamo-alle spose-adorabili,
ritorniamo-alla vostra-amistà.

**(II-40)**

Non più andrai farfallone amoroso
notte e giorno d'intorno girando;
delle belle turbando il riposo,
narcisetto, Adoncino d'amor.

Non più-andrai farfallóne-amoroso
notte-e giórno d'intórno girando;
delle bèlle turbando-il ripòso,
narcisétto,-Adoncino d'amor.

Non più avrai questi bei pennacchini,
quel cappello leggero e galante,
quella chioma, quell'aria brillante,
quel vermiglio donnesco color.

Non più-avrai questi bèi pennacchini,
quel cappèllo leggero-e galante,
quella chioma, quell'aria brillante,
quel vermiglio donnesco color.

(Nozze di Figaro 1幕8景)

**(II-41)**

Aspettando quel caro visetto...　　　Aspettando quel caro visétto...
tippe tappe, un susurro fuor d'uso...　tippe tappe,-un susurro fuor d'uso...
Voi gridaste... lo scritto biglietto...　Voi gridaste... lo scritto igliétto...
Saltai giù dal terrore confuso...　　Saltai giù dal terrore confuso...
e stravolto m'ho un nervo del pie'!　e stravòlto m'ho-un nèrvo del pie'!

(Nozze di Figaro 2幕10景)

**(II-42)**

O Signore, dal tetto natio　　　　O Signore, dal tetto natio
ci chiamasti con santa promessa:　ci chiamasti con santa proméssa:
noi siam corsi all'invito d'un pio　noi siam córsi-all'invito d'un pio
giubilando per l'aspro sentier.　　giubilando per l'aspro sentier.

Ma la fronte avvilita e dimessa　　Ma la fronte-avvilita-e diméssa
hanno i servi già baldi e valenti!　hanno-i sèrvi già baldi-e valenti!
Deh non far che ludibrio alle genti　Deh non far che ludibrio-alle genti
siano, Cristo, i tuoi fidi guerrier.　siano, Cristo,-i tuoi fidi guerrier.

O fresch'aure volanti sui vaghi　　O fresch'aure volanti sui vaghi
ruscelletti dei prati lombardi!　　ruscellétti dei prati lombardi!
Fonti eterne, purissimi laghi,　　Fonti-etèrne, purissimi laghi,
o vigneti indorati dal sol!　　　　o vigneti-indorati dal sol!

Dono infausto, crudele è la mente　Dono-infausto, crudele-è la mente
che vi pinge sì veri agli sguardi,　che vi pinge sì veri-agli sguardi,
ed al labbro più dura e cocente　ed al labbro più dura-e cocente

fa la sabbia d'un arido suol.　　　fa la sabbia d'un arido suol.
　　　(Solera 詞 Verdi 曲　I Lombardi alla prima crociata 4幕2場)

# 11音節詩行　ENDECASILLABO

　イタリア語詩の詩行の王者といえばまさにこの11音節詩行でしょう。古代ギリシアの詩人たちが創りだしたこの詩型はラテン詩人のカトゥルスによって好まれ、多くの作品が生まれています。

　最後の韻律アクセントは10音節目に落ち、これは必ずなければならないもの、反対に絶対に韻律アクセントがあってならない音節として5音節目があります。この禁忌により5音節目のアクセントを避けると、韻律アクセントのリズムは40種になり、偶数の音節に韻律アクセントの落ちるほうが好まれてきました。

　オペラ台本ではレチタティーヴォで非常によく使われ、とくに前述の7音節詩といっしょになってレチタティーヴォの担い手の詩行といえるでしょう。アリアでは、11音節は長すぎるという理由であまり用いられません。

**(II-43)**

*Dopo eccessi sì enormi,*
dubitar non possiam che Don Giovanni
*non sia l'empio uccisore*
del padre di Donn'Anna. In questa casa
per poche-ore fermatevi... un ricorso
vo' far a chi si deve, e in pochi istanti
*vendicarvi prometto;*
così vuole dover, pietade, affetto.
(Don Giovanni 2幕3景)

*Dopo-eccessi sì-en**o**rmi,*
dubit**a**r non poss**ia**m che Don Giov**a**nni
*non s**i**a l'**é**mpio-uccis**o**re*
del p**a**dre di Donn'**A**nna.-In qu**e**sta c**a**sa
per p**o**che-**o**re ferm**a**tevi...-un ric**ó**rso
vo' f**a**r a chi si d**e**ve,-e-in p**o**chi-ist**a**nti
*vendic**a**rvi prom**é**tto;*
così vu**o**le d**o**ver, piet**a**de,-aff**e**tto.

（斜体字の行は7音節詩行です）

**(II-44)**

Deh vieni alla finestra, o mio tesoro!  Deh vieni-alla finestra,-o mio tesòro!
Deh vieni a consolare il pianto mio:  Deh vieni-a consolare-il pianto mio:
se neghi a me di dar qualche ristoro,  se neghi-a mè di dar qualche ristòro,
davanti agli occhi tuoi morir vogl'io.  davanti-agli-occhi tuoi morir vogl'io.

Tu ch'hai la bocca dolce più che il miele,  Tu ch'hai la bocca dólce più che-il miele,
tu che il zucchero porti in mezzo al core,  tu che-il zucchero pòrti-in mezzo-al core,
non esser, gioia mia, con me crudele:  non èsser, gioia mia, con mè crudele:
lasciati almen veder, mio bell'amore!  lasciati-almen veder, mio bell'amore!

(Don Giovanni 2 幕 3 景)

**(II-45)**

Tutti accusan le donne, ed io le scuso  Tutti-accusan le dònne,-ed io le scuso
se mille volte al dì cangiano amore;  se mille vòlte-al dì cangiano-amore;
altri un vizio lo chiama ed altri un uso:  altri-un vizio lo chiama-ed altri-un uso:
ed a me par necessità del core.  ed a me par necessità del core.
L'amante che si trova alfin deluso  L'amante che si trova-alfin deluso
non condanni l'altrui, ma il proprio errore;  non condanni l'altrui, ma-il proprio-errore;
giacché, giovani, vecchie, e belle e brutte,  giacché, gióvani, vècchie,-e bèlle-e brutte,
ripetetel con me: «Così fan tutte!».  ripetetel con mè: «Così fan tutte!»

(Così fan tutte 2 幕 13 景)

# 🎼 歌手のリスト

　この冊子の発音練習の冒頭部分で、インターネットを利用し、レコード発明時から現在までの歌手たちを聴くのは興味深いということを記しましたが、ここに You Tube で聴ける（2010年1月現在）優れて見事な歌唱の歌手の名を挙げておきましょう。生年を眺めると、百年以上にわたって綿々と名歌手の系譜があることが分かります。彼ら、彼女らの歌唱でこの冊子中に採り上げた曲を聴いていただくなら、出身も母語もさまざまで、イタリアとイタリア語ばかりではありませんが、歌唱の発音はリスト中いちばん先輩のタマーニョから現代新進のガランチャまで、みな同じと実感されるでしょう。そしてそれはこの冊子のテキストと CD で練習をしていただいた発音、イタリア語詩の伝統の発音です。

## 男声歌手

| | |
|---|---|
| Francesco Tamagno (1850-1905) | テノール：イタリア人 |
| Alessandro Moreschi (1858-1922) | カストラート：イタリア人 |
| Enrico Caruso (1873-1921) | テノール：イタリア人 |
| Carlo Galeffi (1884-1961) | バリトン：イタリア人 |
| Giovanni Martinelli (1885-1969) | テノール：イタリア人 |
| Aureliano Pertile (1885-1952) | テノール：イタリア人 |
| Beniamino Gigli (1890-1957) | テノール：イタリア人 |
| Giacomo Lauri-Volpi (1892-1979) | テノール：イタリア人 |
| Ezio Pinza (1892-1957) | バス：イタリア人 |
| Tancredi Pasero (1893-1983) | バス：イタリア人 |
| Jussi Björling (1911-1960) | テノール：スウェーデン人 |
| Tito Gobbi (1913-1984) | バリトン：イタリア人 |
| Boris Christoff (1914-1993) | バス：ブルガリア人 |
| Giuseppe Valdengo (1914-2007) | バリトン：イタリア人 |
| Mario Del Monaco (1915-1982) | テノール：イタリア人 |
| Sesto Bruscantini (1919-2003) | バス：イタリア人 |
| Nicola Rossi-Lemeni (1920-1991) | バス：イタリア人 |
| Giuseppe Di Stefano (1921-2008) | テノール：イタリア人 |
| Franco Corelli (1921-2003) | テノール：イタリア人 |
| Ettore Bastianini (1922-1967) | バリトン：イタリア人 |
| Cesare Siepi (1923-2010) | バス：イタリア人 |
| Paolo Montarsolo (1925-2006) | バス：イタリア人 |
| Alfredo Kraus (1927-1999) | テノール：スペイン人 |
| Luigi Alva (1927) | テノール：ペルー人 |
| Nicolai Ghiaurov (1929-2004) | バス：ブルガリア人 |
| Renato Bruson (1934) | バリトン：イタリア人 |
| Luciano Pavarotti (1935-2007) | テノール：イタリア人 |
| Placido Domingo (1941) | テノール：スペイン人 |
| Ruggero Raimondi (1941) | バス：イタリア人 |
| Samuel Ramey (1942) | バスバリトン：アメリカ人 |
| José Carreras (1946) | テノール：スペイン人 |
| Ernesto Palacio (1946) | テノール：ペルー人 |
| Ferruccio Furlanetto (1949) | バス：イタリア人 |

**(II-44)**

Deh vieni alla finestra, o mio tesoro!　　Deh vieni-alla finestra,-o mio tesòro!
Deh vieni a consolare il pianto mio:　　　Deh vieni-a consolare-il pianto mio:
se neghi a me di dar qualche ristoro,　　　se neghi-a mè di dar qualche ristòro,
davanti agli occhi tuoi morir vogl'io.　　　davanti-agli-occhi tuoi morir vogl'io.

Tu ch'hai la bocca dolce più che il miele,　Tu ch'hai la bocca dólce più che-il miele,
tu che il zucchero porti in mezzo al core,　tu che-il zucchero pòrti-in mezzo-al core,
non esser, gioia mia, con me crudele:　　　non èsser, gioia mia, con mè crudele:
lasciati almen veder, mio bell'amore!　　　lasciati-almen veder, mio bell'amore!

　　　　（Don Giovanni 2 幕 3 景）

**(II-45)**

Tutti accusan le donne, ed io le scuso　　Tutti-accusan le dònne,-ed io le scuso
se mille volte al dì cangiano amore;　　　se mille vòlte-al dì cangiano-amore;
altri un vizio lo chiama ed altri un uso:　altri-un vizio lo chiama-ed altri-un uso:
ed a me par necessità del core.　　　　　　ed a me par necessità del core.
L'amante che si trova alfin deluso　　　　L'amante che si trova-alfin deluso
non condanni l'altrui, ma il proprio errore;　non condanni l'altrui, ma-il proprio-errore;
giacché, giovani, vecchie, e belle e brutte,　giacché, gióvani, vècchie,-e bèlle-e brutte,
ripetetel con me: «Così fan tutte!».　　　　ripetetel con mè: «Così fan tutte!»

　　　　（Così fan tutte 2 幕 13 景）

## 歌手のリスト

　この冊子の発音練習の冒頭部分で、インターネットを利用し、レコード発明時から現在までの歌手たちを聴くのは興味深いということを記しましたが、ここに YouTube で聴ける（2010年1月現在）優れて見事な歌唱の歌手の名を挙げておきましょう。生年を眺めると、百年以上にわたって綿々と名歌手の系譜があることが分かります。彼ら、彼女らの歌唱でこの冊子中に採り上げた曲を聴いていただくなら、出身も母語もさまざまで、イタリアとイタリア語ばかりではありませんが、歌唱の発音はリスト中いちばん先輩のタマーニョから現代新進のガランチャまで、みな同じと実感されるでしょう。そしてそれはこの冊子のテキストと CD で練習をしていただいた発音、イタリア語詩の伝統の発音です。

### 男声歌手

| | |
|---|---|
| Francesco Tamagno (1850-1905) | テノール：イタリア人 |
| Alessandro Moreschi (1858-1922) | カストラート：イタリア人 |
| Enrico Caruso (1873-1921) | テノール：イタリア人 |
| Carlo Galeffi (1884-1961) | バリトン：イタリア人 |
| Giovanni Martinelli (1885-1969) | テノール：イタリア人 |
| Aureliano Pertile (1885-1952) | テノール：イタリア人 |
| Beniamino Gigli (1890-1957) | テノール：イタリア人 |
| Giacomo Lauri-Volpi (1892-1979) | テノール：イタリア人 |
| Ezio Pinza (1892-1957) | バス：イタリア人 |
| Tancredi Pasero (1893-1983) | バス：イタリア人 |
| Jussi Björling (1911-1960) | テノール：スウェーデン人 |
| Tito Gobbi (1913-1984) | バリトン：イタリア人 |
| Boris Christoff (1914-1993) | バス：ブルガリア人 |
| Giuseppe Valdengo (1914-2007) | バリトン：イタリア人 |
| Mario Del Monaco (1915-1982) | テノール：イタリア人 |
| Sesto Bruscantini (1919-2003) | バス：イタリア人 |
| Nicola Rossi-Lemeni (1920-1991) | バス：イタリア人 |
| Giuseppe Di Stefano (1921-2008) | テノール：イタリア人 |
| Franco Corelli (1921-2003) | テノール：イタリア人 |
| Ettore Bastianini (1922-1967) | バリトン：イタリア人 |
| Cesare Siepi (1923-2010) | バス：イタリア人 |
| Paolo Montarsolo (1925-2006) | バス：イタリア人 |
| Alfredo Kraus (1927-1999) | テノール：スペイン人 |
| Luigi Alva (1927) | テノール：ペルー人 |
| Nicolai Ghiaurov (1929-2004) | バス：ブルガリア人 |
| Renato Bruson (1934) | バリトン：イタリア人 |
| Luciano Pavarotti (1935-2007) | テノール：イタリア人 |
| Placido Domingo (1941) | テノール：スペイン人 |
| Ruggero Raimondi (1941) | バス：イタリア人 |
| Samuel Ramey (1942) | バスバリトン：アメリカ人 |
| José Carreras (1946) | テノール：スペイン人 |
| Ernesto Palacio (1946) | テノール：ペルー人 |
| Ferruccio Furlanetto (1949) | バス：イタリア人 |

| | |
|---|---|
| Francisco Araiza (1950) | テノール：メキシコ人 |
| Rockwell Blake (1951) | テノール：アメリカ人 |
| Chris Merritt (1952) | テノール：アメリカ人 |
| Giuseppe Sabbatini (1957) | テノール：イタリア人 |
| William Matteuzzi (1957) | テノール：イタリア人 |
| Juan Diego Flórez (1973) | テノール：ペルー人 |

## 女声歌手

| | |
|---|---|
| Adelina Patti (1843-1919) | ソプラノ：イタリア系スペイン人 |
| Nellie Melba (1861-1931) | ソプラノ：オーストラリア人 |
| Luisa Tetrazzini (1871-1940) | ソプラノ：イタリア人 |
| Eugenia Burzio (1872-1922) | ソプラノ：イタリア人 |
| Rosina Storchio (1872-1945) | ソプラノ：イタリア人 |
| Claudia Muzio (1889-1936) | ソプラノ：イタリア人 |
| Toti Dal Monte (1893-1975) | ソプラノ：イタリア人 |
| Rosa Ponselle (1897-1981) | ソプラノ：アメリカ人 |
| Gina Cigna (1900-2001) | ソプラノ：フランス人 |
| Lina Bruna Rasa (1907-1984) | ソプラノ：イタリア人 |
| Giulietta Simionato (1910-2010) | メゾソプラノ：イタリア人 |
| Lina Pagliughi (1911-1980) | ソプラノ：イタリア系アメリカ人 |
| Fedora Barbieri (1920-2003) | メゾソプラノ：イタリア人 |
| Renata Tebaldi (1922-2004) | ソプラノ：イタリア人 |
| Maria Callas (1923-1977) | ソプラノ：アメリカ人 |
| Leyla Gencer (1924-2008) | ソプラノ：トルコ人 |
| Virginia Zeani (1925) | ソプラノ：ルーマニア人 |
| Joan Sutherland (1926) | ソプラノ：オーストラリア人 |
| Marcella Pobbe (1927-2003) | ソプラノ：イタリア人 |
| Shirley Verrett (1931) | メゾソプラノ：アメリカ人 |
| Montserrat Caballé (1933) | ソプラノ：スペイン人 |
| Renata Scotto (1934) | ソプラノ：イタリア人 |
| Raina Kabaivanska (1934) | ソプラノ：ブルガリア人 |
| Marilyn Horne (1934) | メゾソプラノ：アメリカ人 |
| Mirella Freni (1935) | ソプラノ：イタリア人 |
| Teresa Berganza (1935) | メゾソプラノ：スペイン人 |
| Fiorenza Cossotto (1935) | メゾソプラノ：イタリア人 |
| Ghena Dimitrova (1941-2005) | ソプラノ：ブルガリア人 |
| Kiri Te Kanawa (1944) | ソプラノ：ニュージーランド人 |
| Frederica von Stade (1945) | メゾソプラノ：アメリカ人 |
| Katia Ricciarelli (1946) | ソプラノ：イタリア人 |
| Edita Gruberova (1946) | ソプラノ：チェコスロバキア人 |
| Lucia Valentini Terrani (1946-1998) | メゾソプラノ：イタリア人 |
| June Anderson (1952) | ソプラノ：アメリカ人 |
| Cecilia Bartoli (1966) | メゾソプラノ：イタリア人 |
| Anna Netrebko (1971) | ソプラノ：ロシア人 |
| Elina Garanča (1976) | メゾソプラノ：バルト3国 |

# 東京藝術大学出版会の刊行物から

## ◆ DVD

**DVD　新曲『浦島』**
東京藝術大学音楽学部・演奏藝術センター［制作］
坂東三津五郎が逍遙役で出演するなど人気を博した話題の公演を完全収録した本DVD。坪内逍遙が日本の古典『浦島太郎』を題材に書いた日本初の和洋折衷楽劇の台本『新曲浦島』は舞台化が困難でしたが、本学音楽学部邦楽科が、世界初となる公演を行い、大変な話題となりました。
定価：6,264円（本体5,800円）
メディア　DVD 1枚　本編190分　解説リーフレット封入（24頁）

**DVD　邦楽で綴る『平家の物語』前編**
東京藝術大学音楽学部・演奏藝術センター［制作］
「平家物語」をテーマとして、本学奏楽堂において公演された「邦楽で綴る『平家の物語』前編」の公演の模様を完全収録した藝大出版会第4弾DVD「邦楽で綴る『平家の物語』前編」。藝大版「平家物語」の世界をぜひお楽しみください。
定価　3,024円（本体2,800円）
メディア　DVD 1枚　本編200分

**DVD　邦楽で綴る『平家の物語』後編**
東京藝術大学音楽学部・演奏藝術センター［制作］
本DVDには「和楽の美」シリーズのうち、2年がかりで公演された「邦楽で綴る『平家の物語』」の後編を収録しています。邦楽の古典と現代、そして日本の伝統芸能の現在におけるあり方を追求した「和楽の美」シリーズ、「邦楽で綴る『平家の物語』」の完結編です。
定価　3,024円（本体2,800円）
メディア　DVD 1枚　本編142分

## ◆ CD

### CD　ホルベルク組曲〜マリンバアンサンブル・クイント

マリンバアンサンブル・クイント［演奏］

東京藝術大学出版会初のCD。もともと弦楽合奏のために書かれたグリーグの作品とJ.S.バッハのオルガン作品が、5台のマリンバによるアンサンブルによって新たなサウンドを奏でます。

千住キャンパス内の最先端スタジオを用いて、高音質サラウンド録音された音色の妙を、ぜひお楽しみください。

定価　1,944円（本体1,800円）

メディア　CD 1枚　計37分43秒

### CD　東京藝大チェンバーオーケストラ

ヨハネス・マイスル［指揮］

東京藝大チェンバーオーケストラ［演奏］

東京藝術大学出版会からのCD第2弾は、千住キャンパスのスタジオでおこなわれたヨハネス・マイスル指揮／東京藝大チェンバーオーケストラの演奏です。通常のCDと高音質ディスク（SACD）によるサラウンド＊の両方が収録されています。（＊SACDは専用の再生機が必要です。）

定価　2,268円（本体2,100円）

メディア　CD 1枚　計75分47秒

◆楽譜

**楽譜　チャイコフスキー『弦楽のためのセレナーデ』ピアノ独奏版**
角野裕［編曲］
東京藝術大学出版会が発行する初の楽譜。この楽譜は、チャイコフスキーの「弦楽のためのセレナーデ」作品48を、ピアノ独奏用に編曲したもの。弦楽パートの多彩な連携による表情豊かな名作を、本学器楽科（ピアノ）の角野裕教授が、1台のピアノの独奏用に編曲しました。
定価　2,160円（本体2,000円）
判型　A4変形
頁数　45頁

**楽譜　ジングシュピール「デュオニュゾス」**
佐藤眞［作曲］　中嶋敬彦［台本］
この版は、創作ジングシュピール（付曲しない台詞部分の多いオペラ）台本と、その作曲部分（序曲等、器楽合奏と歌）の楽譜を合冊としたもの。日本語版、ドイツ語版と2つあるものを今回混交しました。台本の意図を汲み取り、作曲家の佐藤眞が、現代作曲技法の限りを尽くして曲作りをしました。
定価　2,160円（本体2,000円）
判型　A4変形
頁数　107頁

◆書籍

**作詩法の基本とイタリア・オペラの台本―より正しく理解するために**
エルマンノ・アリエンティ［著］諏訪羚子、影井サラ［翻訳］
ペトラルカ、ボッカッチョなどに代表される伝統的な韻律に基づいて書かれた詩やオペラの台本を、正しく解釈するための韻律の基礎知識を丁寧に解説します。巻末に音楽とオペラに関する一般的な用語解説、詩を読んで

練習するためのアリア、古典詩やオペラの台本に見られる表現等を記載。
定価　2,160円（本体2,000円）
判型　A5判
頁数　160頁

## フランスの詩と歌の愉しみ
大森晋輔［著］

フランス語話者による詩の朗読、藝大生による歌曲演奏を並録したCDを連動させながらその味わい方を丁寧に解説し、「詩の音楽性」のありかを探る、内外でも類を見ないマルチメディア型入門書です。詩の成立した時代背景や詩の作法をやさしく解説、巻末に読みやすい対訳付き。

定価　2,700円（本体2,500円）
判型　A5判
頁数　92頁

## ピアニスト小倉末子と東京音楽学校
津上智実、橋本久美子、大角欣矢［著］

大正と昭和戦前期の東京音楽学校教授・小倉末子は日本初の国際級のピアニストでした。小倉の東京音楽学校入学から百年目に書かれた本書は、小倉の足跡を丹念に追い、東京音楽学校史から小倉を捉えることで小倉像を複眼的に照射します。洋楽史研究に欠かせない一冊です。

定価　3,132円（本体2,900円）
判型　B5判
頁数　144頁

東京藝術大学出版会の刊行物は、amazon.co.jp、地方・小出版流通センターなどで取り扱いしております。

**著者履歴**

**ルイージ・チェラントラ Luigi Cerantola**
イタリア、パドヴァ大学にて美学、文学、歴史学を修める。イタリア、アメリカ等の大学で教鞭をとる一方で、詩人として活動、多くの詩集を発表。元東京大学外国人教授。現在、イタリア在住。

**小瀬村 幸子**
東京外国語大学イタリア科卒業。同大学教務補佐官、桐朋学園大学講師、昭和音楽大学教授、東京藝術大学音楽学部オペラ研究部非常勤講師を歴任。イタリア語、フランス語のオペラ台本対訳、イタリア語のオペラ、歌曲に関する著作、字幕多数。

挿絵の画家
ジーノ・セヴェリーニ Gino Severini

録音に関して
録音スタジオ　Studio Laborintus di Claudio Sichel
　　　　　　　クラウディオ・シケル研究スタジオ
録音者　　　　Nicola Ballestrin
　　　　　　　ニコーラ・バッレストリン
　　　　　　　Monica Nisticò
　　　　　　　モニカ・ニスティコォ

---

書　名：伝統のイタリア語発音
発行日：平成 22 年 3 月 12 日　第一刷発行
　　　　令和 3 年 7 月 16 日　第五刷発行
著　者：ルイージ・チェラントラ、小瀬村　幸子
発　行：東京藝術大学出版会
連絡先：〒110-8714　東京都台東区上野公園 12-8
　　　　TEL：050-5525-2026　FAX：03-5685-7760
　　　　URL：https://www.geidai.ac.jp

印刷製本：星野精版印刷株式会社

©Luigi Cerantola / Kosemura Sachiko
2016 TOKYO GEIDAI PRESS
ISBN978-4-904049-17-4　C0087

定価はカバーに表示してあります。　　　乱丁・落丁本はお取り替えいたします。
　　　　　　　　　　　　　　　　　　本書の無断転載を禁じます。